新装版

ひっそりとスピリチュアルしています

桜井識子

ハート出版

新装版にあたって

２０１４年に発売された本書はブログの記事を集めた1冊です。ブログの記事ばかりといっても、現在は半分ほど非公開にしていますので、ブログでは読めない記事がたくさん入っています。

お金を支払って買ってもらった本の内容が、無料で全部読めるという状態は、いくらなんでも購入して下さった方に失礼ですし、申し訳ないという気持ちが強くあって、半分程度の記事を非公開にしました。

新装版になる前は、ブログを書き始めた頃の文章そのままだったので、非常に読みにくい部分があったり、説明不足でわかりづらい部分があったりして、大幅に手直しをしたいな、という思いが以前からありました。今回、ハート出版さんのご厚意でその願いが叶えられ、新装版として発売できることを嬉しく思っております。

２０２０年の今年、最初のこの本を発売してから丸6年がたちます。7月で7年目に入ります。まさかこんなに長く出版社さんから執筆のご依頼をいただけるとは思ってもいませんでした。これはひとえに読者の皆様のおかげだと、しみじみとそのありがたさを感じています。皆様が読んで下さるから、本を出すことができます。

お年を召した方からお手紙をいただくことがあり、そこには神仏のことをもっと知りたいという希望や、神社仏閣参拝が生きがいになっていることが書かれています。本を出すことは、インターネットを使わない高齢の方々にもスピリチュアルをお伝えすることができる、ということです。

神仏はインターネットが使える世代だけでなく、広く、多くの人々にいろいろなことを伝えたいと思っています。特に高齢の方々はつらい人生を頑張ってこられていますから、神仏があたたかい愛情で包み込んでいることや、神仏にもっと甘えてもいいことなどを知ってほしいようです。本を出すことは、ささやかですがそのお手伝いをさせてもらっていると思っています。

しかし、それができるのは読者の皆様のおかげなのです。私が書いたものを読んで下さる方がいらっしゃるからできることである、と常々肝に銘じていて、感謝を忘れないようにしています。

これからもスピリチュアルなお話を真摯に正しくお伝えしていこう、できる限りのことをさせていただこうと思っております。小さなことしかできませんが、「識子さんはそのような気持ちで書いているのね」と、知っていただければ幸いです。

桜井識子

まえがき

この本を手に取っていただき、ありがとうございます。

ブログの読者の方から「本にならないのでしょうか?」という質問をよくいただきます。

「親や知人にブログを紹介したいけれど、パソコンやスマホを持っていないのです」とか、「ネットが出来ない環境の人に、ブログを勧めることができません、とても残念です」というのが、理由でした。

「本だったら、買って渡せるのですが……」というありがたいご提案もあり、多くの人に読んでもらえるように、いつか書籍化されればいいなと思っていました。

「本は、読み返したい時にいつでも手に取って読めるから、書籍化を願っています」「ブログだと、もう一度あの部分を読みたいと思っても、探すのが大変で……」というご意見もよくいただきます。

今回、夢だった書籍化が実現して、読者の皆様が感じていた不便を少しでも解消できるかもしれないと思うと、本当に嬉しいです。よかったです。

この本は見えない世界での私の体験を、そのまま正直に書いています。

若い頃は幽霊しか見えなかったし、幽霊しかわかりませんでした。能力をコントロール出来なかったので、怖い思いもたくさんしました。それと並行して幼い頃から、霊媒《れいばい》である祖母に降りた神仏の言葉も多く聞いてきました。

おかげさまで、神仏の存在は私にとっては大変身近で、神様とはどういうもので、仏様とはどのようなものなのかは、感覚で身についています。

幽霊しか見えない能力はいらないと思い、それを捨て、神仏だけに波長を合わせるよう本格的に努力を始めたのが20年くらい前です。当時いろいろと調べましたが、誰もそのやり方を知らなかったようで、手引書みたいなものはありませんでした。教えてくれる人もいませんでしたし、すべてが手探り状態でした。

試行錯誤を重ね、私なりに修行も積み、神仏の言葉がわかるようになってから、人生が深く豊かなものになりました。神仏の恩恵をいただくことが、また、神仏に可愛がられているその愛情を感じることが、こんなにも癒しになるのかと驚いたほどです。これは霊感がある人だけの特権ではありません。誰もが受けることの出来る恩恵なのです。

「私には霊感がありません」とおっしゃる方が多いのですが、ご本人が気づいていないだけで、誰にでも神仏の愛情を感じる能力はあります。そのやり方というか、感じ方、コツなどをこの本でお伝えしています。

私はコツがわからなかったため、ここまでくるのに長い年月を要しましたが、やり方さえわかれば、そんなに時間は必要ないと思います。

神社の神様やお寺の仏様を正しく、深く知ることで、神仏の本当の姿が見えてきます。神仏は怖い存在でも厳しい存在でもなく、どこか遠くの手の届かない世界にいるわけでもありません。

神仏とは、慈愛に満ちた、優しく身近な存在であり、助けてくれる、守ってくれる、ごりやくを与えてくれるありがたい存在だということが、本書でわかってもらえると思います。

このことに気づくか気づかないかの差は、生きていくうえで大きいです。

私は、福祉用具専門相談員という在宅介護サービス、老人介護施設勤務を経て、訪問介護の仕事をしています（２０１４年現在）。文中では介護施設勤務時の現在進行形で書いているところがありますが、あえて過去形に修正せずに、当時のままにしています。臨場感を味わっていただきたいと思うからです。

介護の仕事を通じて、人間とは……人生とは……といろいろなことを勉強させてもらっています。ありがたいことです。意外に思われるかもしれませんが、霊的な勉強になることも数多くあります。この本でもいくつかをご紹介しています。

神様や仏様、守護霊、幽霊、スピリチュアルな出来事など、見えない世界のいろんなことを、いろんな角度から書いています。この本を読んで下さった方の心の中に、何かひとつでも残るものがあれば大変嬉しく思います。

桜井識子

新装版 ひっそりとスピリチュアルしています 目次

第5章　幽霊はあなたの隣にいる

第6章　やっかいな霊たち

第9章　尊い神仏たち

第1章
スピリチュアルな幼少体験

ご先祖様の守りとは

私が4歳の時のことです。大きな広い旧家に引っ越しをしました。その家に引っ越してから、私はたびたび高熱を出すようになりました。それまでは風邪一つひかない健康な子だったので、親は変だと思ったようです。しばらく様子を見ていましたが、あまりにもしょっちゅう熱を出すので、これはおかしいと祖父母に来てもらったそうです。

ここでちょっと説明をしておきますと、私の母方の祖母は霊能者であり、霊媒《れいばい》でした。そして、祖父は審神者《さにわ》です。

霊媒というのは、霊に体を貸すことが出来ます。自分の体を貸すことで、ご先祖様や成仏していない幽霊の声を直《じか》に聞きます。ご先祖様や幽霊は祖母の体に入って、水やお酒を飲んだり、会話をしたりするのです。

祖母は非常に珍しい体質で、そのようなご先祖様や幽霊だけでなく、神様や仏様も体に降ろすことが出来ました。私は幼い頃から祖母を通して、〝神仏の声〟というものを普通に聞いて育ちました。審神者《さにわ》というのは、霊媒に神仏や幽霊が乗り移ると、質問をしたり話を聞いたりして、言っている内容が真実かどうか、霊媒に入っている存在が本物の神仏かどうかを判断する人です。神仏の名を語って嘘を言う低級霊や悪霊もいるからです。

話が終わると、神仏に帰ってもらったり、幽霊を成仏させるために霊媒の体から離したりします。離れない悪霊もいますから、そのような時は退治をします。

その祖父母に来てもらい、祖母が私の背中をさすりながらお経を唱えると、女の子が出てきました。私はまだ小さかったため、この時のことを覚えていないので、母から聞いた話をお伝えします。

祖母に憑依《ひょうい》して話し始めた女の子は、自分のことを「花ちゃん」と名乗りました。花ちゃんは当時の私より年上だったみたいですが、どうやら知的障害があるようでした。ですから、年齢も姓名も正しく言うことが出来ません。

花ちゃんは自分が死んでいることに気づいていないので、私だけがお菓子を食べることが気に入らないのです。「花ちゃんには誰もお菓子をくれない」と怒っています。そして、「この子（私です）は、花ちゃんにお菓子を分けてくれないから嫌い」と言います。

花ちゃんは障害があったせいか、家の一番奥の四畳半の部屋に閉じ込められていました。昭和初期か大正時代か、もしかしたら明治かもしれませんが、そういう世の中だったのでしょう。

可哀想に、花ちゃんは四畳半の部屋から出ないように言われ、表で遊ぶことは固く禁じられていたのでした。外に出てはいけないのに、この子（私）は遊びに行く、とまたしても花ちゃんはお怒りです。だから、花ちゃんも一緒に行く、というふうなことを言います。

それにしては霊障の出方がおかしいので、今度は私の亡くなっている父方の祖父を呼んでみました。父方の祖父が言うには、花ちゃんが私について一緒に外へ行くと危険なので、毎回必死で止めていたということでした。

私を外に行かせないために、〝父方の祖父が〟高熱を出させていたのです。花ちゃんは私を嫌っていたので、花ちゃんを乗せたまま外出をすると、事故に遭うか、大ケガをしていたということでした。

祖父母の手によって花ちゃんは無事に成仏し、その後、一切高熱は出なくなりました。

このようにご先祖様は私たちが危険な時、ずっとそばについて守ってくれます。神棚と仏壇が両方あるお宅は、お供え物をする時は仏壇が先です。神様のほうが位が上だから、神棚を優先するべきと思われるかもしれませんが、逆なのです。

「霊関係で何かあった時にまず守ってくれるのは仏（成仏した先祖霊という意味です）だから、仏のほうから先にお供えしなさい」と、祖父母は祖母に降りた神様に直接言われたそうです。

急に体調不良で出かけられなくなった時は、もしかしたらご先祖様が何かの霊障から守るために、必死で止めているのかもしれません。

臨死体験

私が初めて神様の声を〝直接〟聞いたのは、小学校１年の夏休みでした。母、弟、私と、母の友人、母の友人の子供２人の計６人で、海水浴に行ったのです。

母と母の友人は、浜辺にビニールシートを敷いておしゃべりしていました。私は最初、弟と母の友人の子供２人とで、砂遊びをしていたのですが、飽きたので一人で泳ぐことにしました。

当時、まだ泳げなかった私は浮き輪をつけて海に入りました。浮き輪でパシャパシャしていて、どうしてそうなったのかわからないのですが、輪っかの真ん中から、ドボン！　と海中に沈んだのです。

泳げないので必死で水中でもがきました。海水は飲むし、鼻からも入るし、パニックになって必死でバタバタしました。

しばらくその状態でもがいていたのですが、ふっと急に体が軽くなりました。その瞬間、不思議とパニックがすっきり消えたのです。

上を見上げると、水面から明るい太陽光が差し込んでいます。水面はキラキラと光を反射していて、光のオーロラみたいなものも見え、それはそれは美しい光景でした。そして、なぜかとても心地いいのです。幸福感というか、満たされている感覚というか、ふわ〜っとした気持ちの良さです。

「あー、キレイだな～」と水面をボーッと見ていたら、突然、ハッキリとした力強い声が聞こえました。

「足が着く！　足が着くから、立ちなさい！」

その瞬間、我に返り、「え？　足が着くの!?」と立ってみました。すると、ちゃんと立てたのです。海面から、かろうじて顔が出るくらいの場所でした。

顔が出て空気を吸ったら、そこからが苦しくて死ぬ思いをしました。肺に水が入っていたのでしょうか、激しくせき込んで、鼻は痛いし、頭は痛いし、海水をたっぷり飲んでいて吐き気はするし、しばらくの間かなり苦しみました。

母のところにいくと、母は事の重大さがわかっていなくて、「溺れかけたの？」とゲラゲラ笑いながら背中をさすってくれました。母は私が浮き輪から落ちたことに気がついていませんでした。

もしもあの時……神様が声をかけてくれなかったら、私はそのまま溺死していたと思います。声をかけてくれた神様は私の生まれ故郷の高いお山の神様です。

母の胎内にいて生まれる1週間前までコンスタントにお参りし（母が大きなお腹で登るのはつらかったと言っていました）、生後7日目から祖父に抱かれて登っているお山の神様です。放っておいたらこの子は死ぬ、と判断し助けに来てくれたのでしょう。

この時に、初めて神様の声を直接聞きました。まだ子供だったので、「どこからか声が聞こえてきたなぁ」くらいしか認識がなく、神様の声だったと気づいたのは大人になってからでした。

迷惑な幽霊たち

私はこれまでにいろんな幽霊を見てきました。同情をせずにはいられない可哀想な幽霊もいれば、クスッと笑ってしまう愉快な幽霊もいます。ここでは「ちょっと迷惑なんですけど〜」と思った幽霊のお話をいくつか書いてみたいと思います。

一回目の離婚をしてシングルだった時のことです。私の両親、弟一家（子供は2人で当時、小2と4歳でした）、私と息子（小2）の計8人で夏休みにコテージタイプのキャンプ場に泊まりに行きました。

昼間は大自然の中でアスレチックなどをして遊び、夜はバーベキューや花火をして、寝る直前まで子供たちは大騒ぎでした。特に息子は父親と離れて、普段は寂しい思いをしていたせいか、本当に楽しそうでした。

翌日は早朝から行動する予定だったので、大人も一緒に早めに寝ようと電気を消し、全員、床につきました。子供たちは何やらコソコソおしゃべりしていましたが、間もなく寝息をたて始め、大人たちもすぐに眠りにつきました。

夜中に弟の嫁がトイレに起き、その物音で私は目が覚めました。コテージは2階建てでしたが、吹き抜け部分が大きいため、音が筒抜けなのです。

薄暗い中、ふと見ると、梁《はり》で首を吊っている男の人が見えます。一瞬、ドキッとしましたが、幽霊だし、すぐに消えるだろうと思いました。

が、しかし、この幽霊がなかなか消えてくれません。もしもトイレの物音で息子が起きてこの幽霊を見てしまったら、楽しいキャンプの思い出が台無しです。

「ンモー、姿を現したままだと迷惑なんですけど〜」と思いっきり睨みましたが、結局、私が再び寝つくまでその幽霊は首を吊った姿でぶら下がっていました。

翌朝、子供たちに聞くと、3人とも一回も起きなかったというので安心しました。しかし弟の嫁は一晩中気持ちが悪くて眠りが浅く、何回も目が覚めた、と言います。

「首吊り自殺があったみたいやね〜」と言うと、「それ、男っ⁉」と聞くので、うん、と言うと、「やっぱり！　なんか男がいるような気がした」と言っていました。

とても楽しい夏の思い出の日に迷惑な幽霊でしたが、子供たちが気づいていなかったので、まだ許せます。

そして、これは私が高校生くらいの時です。ある晩、ぐっすり熟睡していたら、いきなり足を引っ張られました。誰かの手が、私の両足の足首をむんずとつかんで、斜め上方にものすごい力で引っ張るのです。

とっさに両手を床につき、思いっきり力を入れて踏ん張りました。踏ん張りながら見ると、私の下半身はちゃんと布団に入ったままです。幽霊の姿はまったく見えません。

でも、強烈な力でグイグイ引っ張ります。気を緩めたら、肉体から霊体が引っこ抜かれそうな力です。ぎゅーっと足首をつかまれている部分がすごく痛くて、斜め上に引き上げられるのも痛いのです。

最初は「何？　何？　これってどういう状況？」と戸惑っていましたが、だんだん腹が立ってきて、「コラー！　やめろー！」と怒鳴ったら、パッと手を放しました。

幽霊はそのまま いなくなったのか、シーンとしています。普通の幽霊だったら、姿を見せるなり、言いたいことを伝えるなりします。

人が寝ているところにいきなり来て、霊体の足を引っ張って起こし、それだけでは物足りないのか体力まで使わせてゼーゼー言わせ……怒鳴られたので「バイバーイ」と去って行ったわけです。

「キー！　なんて迷惑な幽霊なのかしら」と思うとイライラして、このあとしばらく眠れませんんでした。

最後は、夜中に歌う幽霊です。小学6年の時と23歳の時、2回遭遇したのですが、この幽霊がうるさいのです（同一人物かどうかは不明です）。すごーく低い、しかも野太い声の男性が、お経を唱えるような感じで歌を歌うのです。真夜中に、です。

最初に聞いた時は、隣のおじさんがお風呂で歌っているのかと思いました。それくらい、なんというか、エコーがビンビンにかかっている声なのです。部屋中に響くように歌うのですが、言語ははっきりしませんでした。

安眠中に起こされ、強制的に歌を聞かされるのです。怖いとか、そういうことよりも、「うるさい」この一言です。ちょっとー、人の迷惑も考えてくれない？　うるさいんですけどー！　と抗議しましたが、幽霊は聞く耳持たずでガンガン歌っていました。

「ンモー！　思いっきり迷惑なんですけど！」と思いながら寝た記憶があります。

おどろおどろしくて怖い幽霊も嫌ですが、こういった迷惑な幽霊も困りもので、というか腹が立つので、遭遇は遠慮したいです。

三途の川

私が小学校1年生の時のお話です。

ある日の夜中、私は突然、パッチリと目を覚ましました。子供ですから、それまで夜中に起きたことなど一回もありません。それがこの時はまるで朝に目覚めたかのような、クリアな寝起きだったのです。時間は夜中の3時か4時あたりだったと思います。親も寝静まっていたからです。幼稚園児だった弟は二段ベッドの上に寝ていました。

目覚めた私はなぜか「外に行こう！」と思いました。そして不思議なことに、「何かお花を持って行かなきゃ」と考えました。

子供部屋は夜中でも豆球をつけっ放しだったので真っ暗ではありません。その薄明かりの中、部屋を見回すと、花柄のハンカチがありました。

「絵がお花だから、これでいいや」とハンカチをつかんで、窓から外に出ました。

外に出ると、町はシーンと静まり返っていました。車も一台も走っていません。十五夜だったのか、月明かりで周囲がよく見えました。当時、住んでいた家は川の近くでした。両側をコンクリートで固められていた川に河原はありませんでした。コンクリートは1メートルほどの高さしかなく、その上は土手になっていました。

私は裸足のまま、その土手まで行きました。土手の上で川に向かってしゃがみこみ、まず、花柄のハンカチをそこに置きました。風で飛ばされないように、石をいくつか載せて押さえました。それから「自分が夜にここに来た証拠に、石を積んでおこう！」と思いました。なぜ、そんなことを考えたのかわかりません。

土手の上は舗装されていない道だったので、小石がたくさんありました。それから10分くらい、私は必死で石を積み上げました。時は丑三《うしみ》つ、そんな時間にいるはずがない子供が、黙って石を積んでいる姿は、怖いものがあったと思います。

何とか石を積むと、私はホッとして家に戻り、窓から部屋に入りました。そしてそのままベッドに入り、ストンと眠りに落ちて朝までぐっすり寝ました。

翌日、私は夜中の冒険の痕跡を確認しに行きました。そこには前夜、自分が置いたハンカチがあり、石も積まれたままになっていました。それを見ると、なぜか「もういいや」という気持ちになり、石積みを蹴ってバラバラにして帰りました。

このことは特別なこととは思わなかったので、長いあいだ誰にも言いませんでした。

大人になって母と弟の3人で雑談をしていた時に、ふと思い出してこの話をしてみました。そういえば子供の頃、こんなことがあってね、と言うと、弟がムンクの叫びのような顔で、

「えー！　それ三途の川やん！」

と、言います。

「三途の川がどうしたん？」

「知らんの？　三途の川って石を積むやろ？」

「えー！」

今度は私がムンクの叫びになりました。じゃあ、私はあの夜、誰かに取り憑かれてたってこと？と思った時に、母が穏やかにこう言いました。

「何かの理由で、石を積めない人の代わりに積んであげたんやろね」

あ、それだ、と爽やかに直感で納得しました。花を持って行かなければいけない、と強く思ったことも説明がつきます。何かしらの供養をしたのだと思いました。

「いいことをしたのよ」と母に言われて、あの夜、まったく怖くなかったことを思い出しました。

普段はオバケが怖くて、暗闇が怖くて、それで豆球をつけて寝ていたのです。三途の川は本当にありそうだな、とこの時に思いました。

私の母は自分が死んだ時、着物の胸の合わせ目に千円札を畳んで入れてね、としつこく言っています。三途の川の渡し賃なのだそうです。

昔の正式な金額は六文《ろくもん》だけれど、現在のお金のほうが良いそうです。祖母が亡くなった時に、祖父に教えられたと言っていました。お金を持っていないと舟に乗せてもらえないから、絶対に忘れないでよ、と繰り返し言っています。

言われるたびに、三途の川はスーッと渡れそうだけどな〜、と思いますが、私も行ったことがないので、不確かなことは言えません。ちゃんと千円札を持たせてあげようと思っています。

※この本を出した数年後に三途の川を渡れないという、女性の幽霊が私のところに現れました。その時の体験から、母のように三途の川を渡る気満々の人には、千円ではなく一万円を持たせたほうが良いということがわかりました（詳細は『死んだらどうなるの？』という本に書いています）。私自身のお葬式用の一万円も、すでにちゃんと準備しています。

身近な霊現象

私が過去に住んだ家で霊現象が一番ひどかったのは、19歳〜20歳の時に住んでいたマンションです。両親・弟と住んでいましたが、毎日のように怪現象が起こっていました。

深夜の3時頃、誰もトイレに入っていないのに、ザーッと水を流す音がしょっちゅうしていましたし、同じく真夜中の寝静まっている時に、シャワーを使う音が響くこともよくありました。

どちらも、なんとなくそのような音が聞こえる……のではなく、実際に水が流れる物理的な音なのです。新聞をめくるようなカサカサという紙の音もあちこちで聞こえていましたし、窓のサッシをドンドンと叩く音もしていました。

「この家は本格的に危ない」という建物だったのですが、転勤族だった父の、勤務先の会社が社宅として借りていたので、勝手に転居は出来ませんでした。ですから、ひたすら我慢の日々だったのです。

寝ている時に金縛りにあうなどは日常茶飯事でした。金縛りになると、誰かが一階から階段で上がってくる音が聞こえます。その足音がカツーンカツーンとものすごく響くのです。だんだん我が家の4階に近づき、4階に来ると、うちの玄関のほうへ歩いて来ます。怖くない幽霊もいますが、なぜかこの幽霊は強烈に怖くて、毎回ガタガタ震えるくらいの恐怖を覚えていました。

幽霊は玄関の前で立ち止まると、次の瞬間、ガチャッ！　とドアを開けます。これも本当にドアの開く音がしていました。ひー！　と恐怖で固まっていると、その足音は玄関から私の部屋の前まで来て、私の部屋のドアも開けます。

怖くて目をつぶりたいのですが、金縛りで動けません。当時は真言《しんごん》を持っていなかったので、必死で「南無阿弥陀仏」と唱えていました。

その幽霊は真っ黒いヒト形で、ゆっくり近づいてきて、私を覗き込もうとします。南無阿弥陀仏を繰り返しながら、来るな！　近寄るな！　と強い意志をぶつけると、すーっと消えていました。消えると同時に金縛りも解けていました。

この真っ黒い幽霊は、もしかしたら以前に住んでいた人なのかもしれません。3〜4回なんて可愛い回数ではなく、それはもう驚くほどうちに来ていました。

気味の悪い夢も、同じものを何回も見ました。

夢の中で私は自分の部屋にいて、一生懸命に半紙に筆でお経を書いています。地底から無数の手が伸びてきて、手しか見えていないのに、「助けてくれぇ」「助けてー」と言う声が聞こえます。お経を一枚書くと一人成仏出来るようで、私は必死で書いているのですが、なかなか進みません。

無数の手はそのうち、私の足首をつかんだり、服を引っ張ったりします。「苦しい！」「助けてくれ！」と叫ぶのです。だんだん手は私に絡み付いてきて、私は地底に引きずり込まれそうになります。なんとか上に上昇しようとしますが、引っ張る力が強くて、どうしようも出来ません。「助けてー！」と自分が大声を出したところで、いつも目が覚めていました。毎回、冷や汗でびっしょりでした。

このマンションは低い山を宅地造成して、その斜面に建てられていました。そしてこの地域一帯には、多くの霊園やたくさんの池がありました。たぶん、家の中に池と霊園を結ぶ幽霊が通る道があったのだろうと思います。幽霊は喉が渇くので、夜中に水を飲みに行きます。その時に我が家を通っていたのでしょう。

幸い2年で引っ越しをしたので、大きな障《さわ》りになる前に離れることが出来ました。今これを書いていても、あの家を思い出すと背筋がゾーッとします。このような怖ろしい家もあるので、引っ越しをする時はしっかり下見をしたほうが良いと思います。

第2章 神々の眷属

眷属（けんぞく）

私の生まれ故郷の山には山岳系の神様がいます。

「山岳系の神様」とは、私が勝手にそう呼んでいるのですが、神格が高くて、力がとても強い神様です。高い山の上におられます。神社や祠《ほこら》、お堂などが、高い山の山頂や中腹にあれば山岳系の神様である確率は高いです。奥宮が山頂にあるという神社はほぼこの神様だと思って間違いないです。驚くほどのパワーがあって、波動も高く、生まれる前に自分で計画した人生をも変えてくれる力を持っています。叶い難いと思われる願掛けはこの神様にすることがお勧めです。

この山岳系神様が私の生まれ故郷の山にいます。山の上には、小さなお堂が建てられていて、お参りはそのお堂の中に入ってしています。

神様には眷属《けんぞく》という、簡単にいえば神様の子分のような存在がいます。どの神様にも眷属はいますが、まだ神様になったばかりとか、人がほとんどいない山間部の祠の神様などは眷属がいないこともあります。

子分のようだとは言っても、親分の神様に指示をされて動くのではなく、自分の意思で行動をしています。時には神様の意見を聞かずにやりたいようにやることもあります。

しかし、忠誠心は想像を絶するほどの厚さです。親分である神様を侮辱したり、馬鹿にしたり、わざと失礼を働いたりしたら……許しません。忠誠心の部分に焦点を当てると、家臣のようですが、絶対服従ではありませんし、平地の神様の眷属が山岳系神様の眷属になる、つまり、親分を変える、ということもあります。そこは自由なのです。

眷属が何をしているのかと言いますと、神様のお仕事の補佐です。願掛けのお手伝いをすることが一番多いのですが、神様がご縁を与えた人が元気にしているかどうか、見回りをする眷属もいます。参道を守るお仕事もありますし、それらを全部をやっている眷属もいます。

話を戻しまして、私の生まれ故郷の山岳系神様の眷属にはお稲荷さんがいます。お稲荷さんは自分のお社《やしろ》を別に持っているのではなく、親分である神様のお堂の中に場所をもらっています。眷属だからといって、このお稲荷さんの力が弱いわけではありません。むしろ、山岳系神様に仕《つか》えている身分なので、平野部にある小さな祠や小さなお社のお稲荷さんよりも、はるかに力が強いです。

そして山岳系神様の眷属なので、他のお稲荷さんのように、人々の〝お稲荷さんを信仰する念〟をエネルギーとしていません。ですから、ある意味、高潔で厳しいところがあります。

どの神社も眷属が神域の入口（平地の神社なら鳥居、山岳系なら山のふもと）から、参拝する本殿までの道をつかさどっています。つまり、参拝させてもらえるかどうかは、眷属次第ということになります。

数年前に元夫と一緒にこのお山に登りました（元夫は2回目の結婚をした相手で、婚姻は解消しましたが、人生のパートナーとして今でも仲良くしています）。

元夫は生まれながらのクリスチャンです。今では神社もお寺も行きますし、神仏の存在を信じていますが、その頃はキリスト以外は半信半疑、という考えでした。なかなか丸ごと信じることが出来なかったみたいです。

登山口の鳥居をくぐった時に元夫は頭痛を訴えました。なんだか頭が痛い、とその時点では軽かったのですが、登るにつれて痛みは徐々に強くなり、もうすぐお堂というところまで来ると、我慢出来ない、という痛みになっていました。

外国の宗教を信仰しているし、神仏を疑っている部分があるので、眷属たちが拒否をしたいのだろう、と思いました。山を登ってほしくないけれど、母のお腹の中にいた頃から参拝している私の夫なので仕方がない、とお稲荷さんが考えているのがわかりました。

元夫も何となく感じるただならぬ雰囲気に、「俺、登るんやめようかな」と途中で何回も言っていました。しかし、お堂に到着すると「あれっ？　全然痛くない」と急に頭痛が消えていたのです。

つまり……神様は彼がクリスチャンであることを、まったく気にしていないのです。彼も私も、一生懸命に山を登って参拝に来た、守ってあげるべき人間で、一緒なのですね。

2人でお堂の中を丁寧にお掃除し、ふもとのスーパーで買ってきたお刺身や果物、いなり寿司、お酒などのお供え物をして、手を合わせました。その後、お供え物のお下がりをいただいて、少しお堂の前で休憩をしました。

お堂の前は崖になっているので、眼下に故郷の町全体と瀬戸内海が一望出来ます。素晴らしい景色を見つつ風に吹かれていると、どんどん浄化されていきます。神様の高波動の影響で心身ともにクリアにしてもらえるのです。

下山している時に元夫が「なんだかすごくリフレッシュした感じで、気持ちがいい」とニコニコしていました。神様は元夫の人物を見て、ご縁を下さったのでしょう。眷属もそれによりOKをくれたようです。

私は眷属にOKがもらえず、神様に会えないまま帰らされた経験があります。鹿児島県の高千穂峰でのお話です。ここの眷属はとても大きな真っ黒い龍です。この龍に許しがもらえず、高千穂峰の神域に一歩も入れてもらえなかったのです。

高い飛行機代と宿泊費（当時の私には涙が出るほどの出費でした）を払って行ったのに、容赦ない仕打ちです。情けのある人間だったら、「そこまでして来たのなら」と許してくれそうですが、厳しくて強い眷属が、本気でものすごーく怒っており、ダメなものはダメ！　でした。眷属の怒りを買って「許さん！」と言われたら、譲歩をしてくれることはありえないので……諦めるしかありません。

故郷の山岳系神様のもとには、他にも龍が眷属としていますし、登山道の途中には大天狗もいます。このお山に限って言えば、お稲荷さんが眷属の中で一番神格が高いです。山岳系の場合、厳しい眷属がいることもあるので、そちらにも気を配ったほうがいいと思います。

お参りの順序

10年以上前になりますが、生まれ故郷の山岳系神様の山に母と息子と私の3人で登りました。故郷の町に行って最初にお山の神様を参拝したため、下山をしてから地元のお稲荷さんに行きました。

地元のお稲荷さんのお社はそんなに高くない小山にあり、実家の神棚に祀っているお稲荷さんはここから勧請《かんじょう》しています。

そのお稲荷さんの山に登っていたら、なぜか突然猛烈な吐き気が襲ってきて、冷や汗が出てきました。一歩歩くごとに症状が重くなります。

うわー、ヤバい、食あたり？　と思った時に、その低い山の中腹から山岳系神様がいる高い山が目に入りました。するとそこで「お参りはやめておきなさい」という念が届いたのです。なんでだろう？　と思いましたが、そんなことを悠長に考えている余裕はなく、必死で吐き気と闘いながら私だけすぐに引き返しました。

山を降りたら、あっという間に体調は回復し、車に戻った時には吐き気もすっかり治まっていました。

そこでじっくり考えてみました。山岳系神様は神格の高い神様ですから、ヤキモチを焼く、などという低俗な感情は絶対にありません。ですから「行くな」ということは、私の身を案じてだと思われます。

しかし……行こうとしているのは、実家の神棚に入っているお稲荷さんで、悪いところではないのです。神様にお参りに行くのですから、止められる意味がわかりませんでした。

思考の迷路にはまっていたら、今度は「参拝の順序」という念が届きました。ここで初めてなにやら順番があるらしい、ということに気づきました。この時はまだ詳しくわからなかったので、「とにかく、理由はなんであれ、山岳系神様のあとでお稲荷さんに行くのは良くないらしい」とだけ心に刻みました。

その数年後、今度は元夫と一緒に山岳系神様を参拝しました。無事に下山して車に乗り込み、お山を離れました。そのあとでお稲荷さんのいる小山の横を通る時に、車から降りて、山の入口で手を合わせました。

お稲荷さんのお社まで行くわけではないし、小山も登らず、山の下で手を合わせるくらいならいいかな、と思ったのです。お稲荷さんにご挨拶だけでもしておこう、という気持ちでした。

するとそのあとで、ナビがあるというのに道に迷ってしまい……山を切り拓いた新興住宅地に入り込んだのです。新しく出来た住宅地のせいか、ナビ上では、山のど真ん中になっています。その一帯からの出口がわかりません。

元夫と2人で、「こっち?」「いやこっち?」と、グルグル回っても全然出られないのです。何回も同じところを通ったりして、来た道がまったくわからなくなりました。

「わけがわからん」と元夫が言った時に、ハッと気づきました。お社まで行かなくても、たとえふもとからでもご縁がある神様だったら、手を合わせれば参拝したことになるのです。

そこで「お山の神様、ごめんなさい。もう二度と、帰りにお稲荷さんに手を合わせたりしません」と声に出して謝りました。謝っている途中で、なぜか私は無意識に右折をしていました。すると大きな道に出て、その先に国道が見えたのです。元夫がそばでこの出来事を見ていて、「不思議なことってあるんやな〜」と心底驚いていました。

これだけ学習しておきながら、もう一回やってしまった私は我ながらすごいと思います。

翌年、また元夫とお参りに行きました。この時は前日に宮島へ行き、厳島神社を参拝しました。空海さんが護摩修法をして、1200年以上も消えずに燃え続けているという「消えずの火」も見る予定でしたが、厳島神社の参拝が長くなったために閉門ギリギリの時間になっており「消えずの火」は諦めました。

翌日、朝早く、まずはお稲荷さんを参拝し、そのあとで山岳系神様へ行き、その帰りにわざわざもう一度、宮島へ渡りました。山岳系神様のあとでお稲荷さんや神社に行くのはダメだけれど、お寺ならいいのでは？　と思ったのです。

フェリーで宮島に着いたあたりから天気が怪しくなっていき、弥山《みせん》に登るロープウェーに乗る頃には空が真っ黒になっていました。

あれ？　もしかしてお寺もダメだった？　と思っていたら、案の定、ロープウェーが山頂に着いた途端に、本当にバケツをひっくり返したかのようなゲリラ豪雨になりました。

私たちは傘を持っていなかったので、屋根があるロープウェー乗り場から外に出られません。傘を持っている人ですら、今は無理、と待機していました。

「くぅ〜、ここまで来て」と非常に残念でしたが、神様に「行くな」と言われているのですから仕方ありません。泣く泣く諦めて、そのままロープウェーで引き返しました。

順序って何なのだろう？　と、詳細はまだわからなかったのですが、その数年後に知ることが出来ました。出羽三山の月山《がっさん》に登った時です。

月山の神様が、人間はダイヤモンドの原石と同じで磨かなければ輝かない、と教えてくれました。厳しい修行で自ら磨く方法もありますが、神社仏閣を訪れて神仏に磨いてもらう方法もあるというのです。

神社仏閣に参拝するのも小さな修行の一つであり、神仏が研磨剤となって磨いてくれるそうです。イメージとしては、研磨剤というよりも神仏は柔らかい布で、ツルツルした玉（私たち人間）を拭くような感じです。

神社やお寺を訪れて、神仏という布に一回につき、一拭きしていただくのです。これを地道に重ねていけば、いつかは透明で美しく光り輝く宝石になれるそうです。

この一拭きは、〝最後のもの〟が残ります。つまり、山岳系神様という位の高い神様にせっかく拭いてもらったのに、そのあとで格下の神様に拭かれると、玉の表面には格下の神様の波動が残ります。上書きされるようなものです。なるべく神格が高い、波動が高いものを身にまとうほうが、本人にとっていいわけです。

旅行などで神社を回る時は、神格が一番高いと思われる神様を最後にすることがお勧めです。こうすることで、高い波動で拭かれた玉（＝自分）となり、いい状態でしばらく過ごせます。

でも、格下の神様でも、〝神様〟ですから、拭いてもらえれば、日常の状態より断然良くなります。ですので、順序はあまり関係ないと言えばそうなのですが……より良い、高い波動が表面に残るほうがいろんな面で良い影響があるのです。神格が高い神様が何かのパワー、強いエネルギーを特別に与えてくれている場合もあります。

3回も根気よくあの手この手で神様が教えてくれたことです。このことは私たち人間が考えるより、はるかに重要なことだと思われます。

神様の神格がよくわからないという方は、例えば伊勢神宮周辺の神社を回るとすると、伊勢神宮内宮《ないくう》が一番位が高いことは何となくわかると思います。

京都などたくさんの神社仏閣があって、どれがどれやらわからない場合、何となくここが一番位が高そうだなと思ったところが、その人と相性が合った一番格上の神社です。そこを最後にするといいと思います。霊感がないと思っている方でも、大丈夫です。誰でもそういう力はちゃんと持っているので、なんとなくでも、自分が直感で感じたままが正解だと思って下さい。

一日で何社か参拝する時は、この〝順序〟を、ちょっと頭の片隅に置いておかれるといいように思います。

狛犬とイタチ

2013年の夏、どこかの神様の眷属が2種類ほど、私の元にやってきました。どの神様がつかわしたのか、どこの神社から来たのか……そこはまったくわからずで見当もつきません。

神様は高級霊ですから、「ワシがしてやったのだ」「礼を言え」などと言わないし、そういうそぶりも見せないため、こちらが自分で気づくしかないのです。しかし、今のところさっぱりわからなくて、もうどの神様でもいいや、貸して下さったからには、ありがたく借りておこう、と思っています。

まずは、雪のように真っ白いイタチがやって来ました。

神仏関係のものを見る時は、明け方の神聖で清浄な時間（午前4時~日の出前）に、半分寝て半分起きている状態で見ることが多いのですが、イタチもそういう状態の時にやって来ました。

このイタチは小さくて「子供のフェレット」サイズです。私のそばに来ると、嬉しそうに私の指をはむはむと甘噛みします。ジャレているような、恭順の意を示しているような、そんな感じです。

次の瞬間にちょっとだけ強くクッと噛んだので「強く噛んだらダメ！」と叱るとシュンとしてい

ました。怒られちゃった～、という雰囲気で頭を垂れて下を向いています。

「二度としちゃダメよ。わかった？　わかったらもういいよ」と言うと、また嬉しそうに私の指をはむはむしていました。

改めてイタチを正面から見ると、ニッコリと私に向かって微笑みます。可愛らしい顔ですが、このイタチは目が見えないようです。そばに誰かがいてその様子をじっと見ていたのですが、それが誰だったのかは思い出せません。

〝いづな〟という言葉が浮かんだのでネットで調べてみたら、いろんな情報が錯綜していました。「飯縄」もしくは「飯綱」という漢字が当てられていて、妖獣と書かれていたり、式神と書かれていたりしました。姿も、イタチだったりキツネだったりと、いろいろです。管狐《くだぎつね》と呼ばれているものがいることもわかりました。

飯縄や管狐は、人の未来や過去を教えてくれるので質の高い占いが出来る、とありましたが、私は占い師になるつもりはないので、なぜ私のところへ？　と疑問がわきます。

この飯縄を誰かのところに飛ばして人を呪うことが出来る、などという怖ろしいことも書かれていました。そっち方面でも使う可能性はゼロです。

富をもたらす、という情報もありましたが……疑わしいです。

散々調べましたが、結局、何の目的でこのイタチを使うのか、どう使うのか、何をどうやったら使えるのか、まったくわかりませんでした。大体、どこから来たのかすら謎なのです。

貸してくれたということは、私にも使えるということなのでしょうが、今のところその方法がさっぱりわからないので、見えない世界のペット状態となっています。時々、気配を感じた時に撫でてあげるくらいしかしていません（私の胸の真ん中の所に縦になっていることがあります）。

この真っ白いイタチが来た5日後、今度は狛犬《こまいぬ》らしき犬がやって来ました。これも、半分寝て半分起きている状態の時でした。

半分の夢の中で、私は高い高い塔の上にいます。その塔からは、空中に幅50センチくらいの狭い通路が突き出ています。どこへ続いているのかわかりませんが、果てしなく長く伸びています。通路の両側には鉄製の高さ30センチの金網の柵がありますが、なにせ高度が飛行機並みに高いので、ものすごく怖いです。

その通路に出て、立って歩く勇気はないので寝そべったまま移動し、下を見ました。はるか下方にある地上に民家はまばらで、この土地に山林はなく、赤土の荒涼とした大地が広がっています。

開拓が進んでいないのね、と思っていたら、空中の向こうから犬が2匹やって来ました。1匹は嬉しそうに、ハッハッと言いながら走ってきて、思いっきり私をめがけて飛び込んできました。

しかし、ここは狭い通路の上です。犬は勢い余って通路の反対側へ落ちてしまい、前足を金網の柵に引っかけて、止まっています。慌てて助けてあげました。紀州犬のような姿の、白い、成犬になるちょっと前の若い犬です。常にハッハッと言っていて、ずっと口を開けています。人なつっこい性格なのか、助けてあげるととても喜んで、私にまとわりついてきます。

もう1匹は黒いボーダーコリーのような感じの、こちらも若い犬です。たとえるとしたらコリー犬かな？　とネットで確認していて、そこで初めてボーダーコリーという種類がいるのを知りました。そうそう、まさにこんな感じ！　と叫んだくらいソックリです。

顔の横から目の回りにかけて、パンダのように大きく丸く真っ黒な毛が生えていました。でもボーダーコリーと違って全身に白いところはまったくなく、限りなく黒に近い濃いこげ茶色です。目のふちどりが何ともいえず可愛いのです。

こちらの犬は控えめにやって来て、空中で止まって待機していました。口は固く閉じられていて、一回も開けません。2匹を所有していると思われる人物（神様？）が空中の高いところにいたのですが、誰なのか思い出せません。

「あ」「うん」の口の形といい、犬だし、この2匹は狛犬だろうと思いました。

狛犬だとすると、強力な結界《けっかい》を張ってくれるわけで、良くない強い悪霊から私を守るために来てくれたのだと思います。というのは、犬が来てから、仕事での疲れ方がはるかに違うからです。

私は介護福祉施設で働いています。施設の入居者さんの中に、おひとり、ものすごい悪霊に憑かれている人がいるのです。無防備な状態で何回か関わってとても疲れたので、それからは粗塩を身につけて防御していました。けれど、やはり良くない波動を多少なりとも受けるせいか……しんどい思いをしていました。

狛犬が来てからはその悪い波動を感じなくなり、それに伴って〝悪霊の波動疲れ〟はなくなりました。結界のおかげで、悪い波動の影響をまったく受けなくなったのです。どこの神様が貸してくれたのかわかりませんが、ありがたいことだと感謝しています。

この狛犬たちもたぶん使役出来ると思うのですが、白いイタチ同様、今はまだ使い方がわからないです。でも、いてくれるだけで結界になるため、もうこれで十分という気もしています。

どこかの山岳系神様が、いつか使い方を教えてくれないかなと期待しているのですが、先のことは全然わからず、しばらくはイタチも犬たちも可愛いペットです。

室生寺と狛犬、大黒様とねずみ

奈良県の宇陀《うだ》市へ行ってきました。きっかけはネットで調べ物をしていて、宇陀市砥取《ととり》にある

「三輪神社《みわ》」を見つけたことです。

写真を見た瞬間に、理由はわかりませんが「ここに行かねば！」と思いました。というか、「この神社に呼ばれている！」と思ったのです。場所を地図で確認すると、近くに「室生寺《むろうじ》」があり、このお寺は名前だけは知っていたので、ついでに行ってみよう、と決めました。

その日は久しぶりの雨でしたが、午後には回復するという予報で、駅に着いた時に雨はすでにあがっていました。そのまま回復しそうだったのに、私が室生寺のバス停でバスから降りると、突然ザーッと豪雨になりました。

雨は恵みの雨や浄化の雨など喜ばしい場合が多いのですが、この時は、あれ？　歓迎されていないのかな？　と思いました。結局、その雨はやむことなく、帰りのバスに乗るまでザーザーと降り続きました。

室生寺の金堂は修復されていない本来のお姿の仏像がたくさんあって、昔のパワーを直接感じることが出来ます。大変、ありがたい空間となっています。

金堂を参拝したあと奥の院に向かいました。歩いていたら、いきなり周囲の「気」が禍々《まがまが》しいものに変化しました。見ると、右側は古い墓地になっています。参道は墓地をぐるりと右に回り込んでいて、五重の塔の後方あたりから奥の院へ続く階段手前までの間だけ、暗い空間なのです。

墓地がうまく浄化されていなくて、墓地からの霊気のせいかなと思ったのですが、どうやら違うようです。敵が入らないように呪術を仕掛け、失敗して、そこに悪いものが寄って来たような、そういう感じの「気」でした。

ここで私を守っている狛犬が吠えたので驚きました。「へぇ〜、狛犬って吠えるんだ〜」と新しい発見です。

神社にいる狛犬のイメージから、2匹は横一列に並んでいるものだと思っていましたが、守ってくれる時の位置は、口の形が「あ」の白い方が私の少し右斜め前にいて、口の形が「うん」の黒い方は、私を挟んだ対角線上の左斜め後ろにいました。正面と真後ろではないのです。そして吠えるのは前にいる「あ」の方だけです。

私には暗い空間としか認識出来ませんでしたが、狛犬が吠えたからには、何かいたのだと思います。

そこを通り抜け、奥の院に行く階段を登り始めたら、見えない世界の僧侶が一人来られました。見たことがないお顔です。まだ仏様（如来とか菩薩とかそういう意味の仏様です）にはなっていないようでした。

私が奥の院へ行き、帰りの階段を降りきるところまで、ずっとそばにいました。誰だったのか、何が言いたかったのか、もしかしたら守ってくれていたのか……僧侶が黙っていたため、詳しいことはわかりませんでした。

帰りもやはり同じ場所で、暗い「気」を感じました。その日は雨であたりが暗かったせいで、余計に良くないものの勢力が強かったのかもしれません（この手のものは太陽光に弱いのです）。

室生寺参拝のあと、近くの龍穴《りゅうけつ》神社にも行く予定にしていたのですが、とにかく雨がすごくて動けません。ザーザーとかじゃなくて、ダバダバ降るのです。時計を見たらバスの発車時刻だったせいもあって、龍穴神社は諦めました（バスは1時間に1本でした）。

バスに乗って室生口大野という駅に戻ると、雨はあがり、曇り空になっていました。

お目当ての「砥取三輪神社」は駅から歩いて40分です。夜勤後のお休みだったので、歩いて40分はつらかったです。狭い道路を通り抜け、国道らしき「ここは人が歩いたりしませんよ」的な道沿いを行き、最後は山道の道路をてくてくと進みました。本当に遠いぃ〜、と感じました。

やっとの思いでたどり着いた三輪神社は、名前こそ「神社」ですが、神様はいませんでした。古代の祭祀場だったようです。火が焚かれて、古代の人が集まっている残像がそこにありました。

「あれ？　神社じゃないんだな」と思いましたが、とりあえず拝殿で手を合わせました。

私が祝詞《のりと》をあげ始めると、驚くことに、拝殿内の両側から女性がワラワラと出てきました。高松塚古墳に描かれている女性にそっくりの衣装で、あのようにカラフルではなく、真っ白ではないものの白っぽい感じの服で、手に持っている物も同じようなものでした。

女官《にょかん》？　巫女《みこ》？　どちらかはわかりませんが、彼女たちは神様をお迎えする係のようです。その女性たちが、舞台の幕のように、両側からサササーッと出てきたのです。片側に10〜13人くらいいたと思います。

彼女たちがいる拝殿は、まだ木がピカピカに新しくて、目の前にある現代の拝殿よりもはるかに広く、とても簡素な作りの建物です。たぶん、当時のものだと思います。祝詞をあげ終わると、その映像はすう〜っと消えていきました。

何だかよくわからないまま、三ツ鳥居の扉がある拝殿裏に回ってみました。この神社は、背後の山をご神体としているらしいのですが、私が思うにどうも違うようです。三ツ鳥居の前に立って向こうを見ると、空中に向かって道がありました（見えない世界のものです）。

「おぉ〜、なんだかすごい道がある！」と思わず声が出たのは、その道がワープする透明のトンネルのような、一種独特の道だったからです。どこへ通じているのかまではわかりませんが、三ツ鳥居といい、この神社の名前からして、大神《おおみわ》神社のある三輪山だろうと思います。

そしてこの道は、神様が通る道として作られていました。つまり、どこかから定期的に、もしくは来てほしい時に、神様を呼ぶシステムになっているのです。

自分たちのほうから神様のいるお山まで行くのは、時代が古ければ古いほど大変だったと思います。それならば神様に、自分たちの村まで時々来てもらおうではないか、という発想からこの場所が作られたようです。

この神様用の道は21世紀のこんにちでもまだ十分機能していて、これを作った人の霊能力はすごい！　ケタはずれだな〜、と驚きました。

その時でした。「大昔の鬼道《きどう》」という言葉が聞こえたのです。鬼道は聞いたことがない言葉だったので、何だろう？　と、その場でスマホで調べたら、卑弥呼がどうのこうの……と書かれていました。時代的にやっぱりそのあたりなんだ〜、と思いました。

現在、鬼道自体がまだ謎のようで諸説あるようですが、私が見たのは神を呼ぶシステムでした。ついでにその砥取の三輪神社もちゃんと調べてみたら、天和2年・延宝8年・慶安3年など（いずれも江戸時代）の石灯籠があるものの、創祀年代は不明となっていました。

大昔は立派な祭祀場だったのに、年月とともにすたれていったのでしょう。それでも、場所だけは細々と受け継がれてきたのだと思います。

大変興味深い三輪神社でしたが、いまひとつ納得がいきません。私はこの神社に……つまり、ここの神様に呼ばれたと思って行ったのですが、神様はいませんでした。

ということは一体誰に呼ばれて行ったのか……？　まさか、呼ばれたと思ったのは勘違いで、こんな遠い場所まで勘違いでやって来たのか私は、と思いつつ、来た道を戻りました。

戻るのも当然40分かかります。前日からの雨で、道路の横の川が増水していました。その様子をボケ～ッと見ながら何も考えずに歩いていたら、突然、雲の割れ目から日が射しました。

曇った日の、夕方のうす暗い中、一筋の光がパァァァーッと射して、それはとても神々しい光景でした。しかし、日が射したのは私にではなく、私のすぐ右手前方にあった岩に、です。岩の上部にキラキラと光が当たっています。

光のところを見ると、なんと！　そこには大黒様が彫られていました。大黒様にピンポイントで輝くような光が当たっているのです。私が大黒様の存在に気づくと、太陽は雲に隠れ、光は消えました。

あまりの不思議な現象に呆然としました。

この場所に大きな岩があり灯籠もあるということは知っていました。目線と高さが同じなので、そこは三輪神社に行く時に見ています。でも、まったく気にならず、ましてや上なんか見ないので、大黒様がいるとはつゆ知らず、そのまま通過していたのです。日が射さなかったら、帰りも気づかずに通り過ぎていました。

「近こう寄れ」と言われたので、そばまで言って手を合わせました。うちにいる豆粒の大黒様（明け方の清浄な時間に蜘蛛に乗って来られました）が、一刻も早く成長しますように、とお願いをし、他にももう一つ願を掛けてみました。

お願いをしてみたものの……半信半疑です。ここはお寺ではなく、大黒様は仏像ではないのです。ただの岩に彫られたこの大黒様は本物なのだろうか？　仮に大黒様本体に道が通じていたとしても力はあるのだろうか？　と考えました。

どうなんだろう？　ま、ダメ元ってことで、どっちでもいいや、と失礼なことを考えつつ（信じていなかったのでコンタクトはしていません）、歩き出そうとした時です。

何かが大黒様の岩のほうから、道路を渡って、私のいる道の端に走って来ました。見ると、それは一匹の小さなねずみでした。

ねずみは大黒様の眷属です。このタイミングでねずみが出現し、私に向かって走って来たというのがすごいです。神秘的なその現象に心底ビビりました。ああ、この大黒様は本物なんだ！　疑ってごめんなさい、と思いました。実物のねずみを自在に動かせるということは、この大黒様はかなり大きな力を持っています。

ねずみに「待って！　写真を撮るから待って！」と言うと、道の端っこで、私がバッグからスマホを取り出しカメラを起動するまで、じーっと待ってくれました。大黒様のお使いですから、ちゃんとわかるのですね。可愛かったです。

ねずみの出現で、この大黒様のパワーのすごさを知ったと同時に、わかったことがあります。私はこの大黒様に呼ばれて、大黒様にご縁をいただくために宇陀市まで来たのでした。

でも……それなら三輪神社に行くまえに大黒様に気づいてもよかったんじゃない？　と思ったら、「参拝順序」と言われました。

ああ、なるほど、そういうことか〜と、すべてのことに納得がいきました。室生寺〜三輪神社〜大黒様と、いろんな体験をして、この日はとても興味深い一日となったのでした。

狛犬とイタチのその後

残業をして、ずいぶんと遅い時間に帰宅することがあります。なるべく早く帰りたいので近道を通るのですが、この道が大変暗くて闇に近いです。ひったくりに襲われそうな気がする……と思った日は、少し遠回りになりますが、古い団地内を通り抜けています。団地の中は街灯があって明るく、安心して歩けるからです。

ある夜、何気に団地内の道を歩いていて、ふと、公衆電話のボックスを見たら、その横に黒い人影がうずくまっていました。見た瞬間に幽霊だとわかりました。たまに油断していると、こうして見てしまうことがあります。

人影は中年の男性のようで、私が「あっ！」と思った瞬間に、向こうも「やった！　この人、俺が見えてる！」と私に気づきました。ふ〜っとこちらへ来ようとした時、狛犬の「あ」のほうが、幽霊に向かって威嚇して吠えました。

すると、幽霊は「ひーっ！」という感じで頭を抱えて逃げ、もといた公衆電話ボックスの横でまた小さくうずくまっていました。

やっぱり「あ」のほうだけが吠えるのです。「うん」は私の後ろにいて、一切吠えずに黙っていました。

それからしばらくして、ふたたびこの団地を通った時、公衆電話ボックスの横に相変わらずその幽霊はいるようでした。見えないけれど気配でわかります。幽霊は狛犬を怖がっていて、近づいて来ようともしませんでした。狛犬は私が知らない時でも、こうしてちゃんと守ってくれていたのだな、と思いました。

真っ白なイタチはあれからずっとペット状態、というか、存在すら忘れるくらい何も動きがありません。たまにソファで仰向けに寝ていたら、胸の上に縦長に乗っていて、よしよしと撫でたりしていました。

伝承の管狐《くだぎつね》なのかどうか、正直、いまだによくわかりません。イタチ自身からは何も行動を起こさないので、もしかしたら狛犬と違って、私からの指令がないと動かないのかもしれない、と思っています。

そこでもう一度管狐を調べてみると、「使われている人間の言うことをよく聞く」という記述を見つけました。他にもいろいろ書いてありましたが、見えない世界のことですので、誰でも、何でも信じるというのは危険です。本当かどうかは自分で試してみるしかありません。そこで考えました。

狛犬は、幽霊や悪霊から……つまり、あちらの世界の悪いものから守ってくれています。ということは、同じ守りは必要ではないから、イタチはあちらの世界ではないもの……現実の世界のもろもろから守ってくれるのかもしれません。人間の念とか、そういうものかな?と考えてみましたが、よくわからず……そこで、実験をしました。

職場に、私の仕事の仕方に対して不満を持っている同僚がいます。その人が放つオーラから、私が細かい部分まで丁寧にし過ぎるので仕事が遅い、ゆえにたくさんの数を手早くこなせない、となると自分が楽できない、ムカつくーこのおばはん、とイライラしているのがわかります。

でも介護の仕事というのは……たとえば、入居者さんの便の始末は丁寧にしてあげないと、ガリガリになって皮膚にこびりつくし、それをあとからキレイにしようとすると、お湯でふやかして取らなければならず、倍以上の時間がかかったり、便による炎症で皮膚が赤くなったりするのです。

パッチや肌着は丁寧に整えてあげないと、パジャマやブラウス、ズボンの下でクシャクシャにめくれたままです。そこは小さいけれど塊のようになっているので、寝ていて痛いだろうと思います。可哀想です。

ある入居者さんは、背中側の肌着が肩のあたりまでめくれていたことがあり、どうしてもうちょっと丁寧に着させてあげないのか、と思ったことがあります。

口腔ケアにしても、トイレ介助にしても、早くしようとすれば粗い仕事になってしまうのです。

しかし、この同僚は「ンモー、サッサとケアしてきてよ。このおばはん、ほんまトロくさいから腹立つわ～」と思っているみたいでした。そして何かにつけて、ちょっと意地悪をしたりするのです。そういう人だから仕方ないかなぁ、とは思うものの、一緒に仕事をしていたら、精神的にしんどくて参っていました。

ある時、とっても質の悪い意地悪をされたので、この同僚と関わるのは嫌だなと本気で思いました。腹が立つというよりも、気分が落ち込んで、なんとも言えない悲し〜い気持ちになるからです。

そこで、イタチのシロちゃん（名前をつけてみました）に、「あの人とあまり関わりになりたくない」と言ってみました。シロちゃんはそれを聞くと、私にお尻を向けて（ちょうど目の高さです）、タタターッと、どこかへ走っていきました。走り去るシロちゃんの揺れるお尻が印象的でした。

翌日、スタッフの急病によるシフトの変更があり、なんと、私はその同僚とほとんど関わらないシフトになっていました。

「えええっ！」と驚きました。それだけではなく、夕方になって急きょチームの変更があり、私とその同僚は完全に持ち場が離れたのです。

「うっそー！」と驚愕しました。シロちゃん、すごいです！　シロちゃんにチラッと言った（グチッた、ですね）その「翌日」に悩みから解放されたわけです。そこまで信じていなかったので、シロちゃんは本物なんだ〜、と知りました。

それからの私は嫌な気分にさせられることなくせっせと働いていますが、その同僚は新しくなったチームのベテランさんから、いちいちダメ出しをされています。

仕事が大雑把なので、パット交換も便がついたままのことがあるし、着替えもテキトーだったり、食事介助にしても、口の周りにミキサー食がベタベタについていてもそのまま食べさせ続けたりするからです（でも仕事は早いので数はこなせます）。ベテランさんはそこが気に入らず、ちょっと意地悪をしたりもしています。

結局、今までその人が私に意地悪してきたことが、そっくりそのまま返っているのでした。

私はシロちゃんに、「関わりになりたくない」としか言っていません。それなのに、その同僚がしんどい状況になっているのは、怖ろしい……と心底思いました。シロちゃんにうかつに指示を出してはいけないのだ、と悟りました。

どうして怖ろしいのかと言いますと……仕返しになってしまうのが怖いからです。

この件で、シロちゃんは現実の世界に作用する力を持っていることが判明しました。守ってもらう、という方向での指示だったのですが、慎重にしなければいけないということもわかりました。

ですので、もしかしたらシロちゃんは私を守るという役割ではなく、何か別の役目があるのかもしれません。それがわかるまでシロちゃんには、またしばらくペット状態でのんびりしてもらうしかない、と考えています。

現在の狛犬とシロちゃん

※2019年のブログに狛犬とシロちゃんのその後を書いていますので、その部分を加筆しておきます。

たまに「シロちゃん、お元気ですか～?」とか、「識子さんの狛犬はどうしていますか?」という質問をもらいます。どちらも今は、私を守ってくれている「守護霊グループ(該当する言葉がないので私が名付けました)」の中に溶け込んでいます。

守護霊グループとは何かと言いますと、私の人生をサポートしてくれている守護霊の後ろにいる存在です。

人間には必ず守護霊がついています。メインに守ってくれるのは、この守護霊です。しかし、その後ろには、個別の専門部分でサポートをしてくれる存在(準守護霊)たちがいるのです。

この存在たちが担当する分野は細かく分かれていて、守護霊のように、総合的に〝人物〟を守るのではなく、サポートする部分でのみの指導となっています。

具体的な例で説明をしますと……。たとえば、職業が映画監督だったとします。監督になったのが40歳だったとしても、監督を目指した時から、人によっては生まれた時から、あちらの世界にサポートチームがいるのです。

良い映画を作って世界中の人々を癒やす、多くの人に夢と希望と感動を与える……そのような映画監督にするために、本人をうまくそちらの方向へと導きます。その監督が作った映画を見ることで、リラックスしたり、元気づけられたり、生き方を変えたり、家族の大事さに気づいたり、感動号泣して波動が高まったり……などの、いろいろな恩恵をもらえる人が出てくるわけです。守護霊グループは本人を導きながら、結果的にそのような、本人を通して人の役に立つ仕事をしています。

この守護霊グループは映画監督など、特別な職業の人だけについているのではありません。どの人にも、全員守護霊グループがついています。職業に関する部門だけでなく、その人が他人に親切にできる性格だったら、そこを伸ばす部門がありますし、動物が好きな人だったら、何か動物の役に立つような、そんな活動をするよう導く部門があったりするのです。

守護霊グループにいる存在たちは、全員が一丸となって、まとまって働く（サポートする）ことはせず、たとえば先ほどの映画監督だったら、よいテーマ曲を選べるように音楽の感性をアップさせる部門、俳優の演技力をうまく引き出せるように監督力をアップさせる部門、原作が未来の話だったらそれをうまく映像化できるように想像力を豊かにする部門など、たくさんの部門に分かれています。いくつもの部門があるのです。

各部門にいる準守護霊の数は、人によって違います。また、その人の「人生の進み具合」によっても、数が変わってきます。

若い頃は一人しかいなかった部門だけれど、年齢を重ねるにしたがって増えていき、最終的には5人になる、とかもあるのです。サポートが一人でよいという部門があれば、「ここは重要である」というところ、「サポートが難しい」というところには数人います。

メインの守護霊は一人きりです。生まれてから死ぬまで、一生変わりません。しかし、守護霊グループの存在たちは流動的で、入れ替わりもよくあります。

野球選手で、日本で活躍していた時期と、大リーガーとなって世界を舞台に活躍している時は、同じ人物ですが、守護霊グループにいる存在の数がまったく違います。サポートをする存在の格、実力なども違います。途中で入れ替わるためです。

このサポートをする存在たちは、絶対に表に出てきません。陰ながら本人をサポートする、本人を通じて社会に奉仕をする、というお仕事だからです。なので、その存在に気づくことがちょっと難しい、というわけです。

シロちゃんも狛犬も長宴《ちょうえん》さん（比叡山で最澄さんがつけてくれたお坊さんです）も、今はこの守護霊グループに溶け込んでいます。ですから、来てくれた時のように「そばにいる」という感じではなくなりました。私のところに来てくれた当時は、存在がありありと感じられましたし、しっかり見えていました。

しかし、守護霊グループに溶け込んでしまうと、次元が違うため、身近ではなくなるのです。遠い存在になったなぁ、という感じです。見た目も、長宴さんは変わりませんが、シロちゃんと狛犬は、すごく神々しい姿に成長しています。私と一緒にあちこちの神社仏閣、霊山、パワースポットに行くことが修行になっているみたいです。

天狗

子供の頃から、なぜか天狗が異常に怖かったです。大人になってもそれが消えず、天狗がいそうな山は怖くて一人で登ることが出来ませんでした。そういう山に登る必要があった時も、天狗が怖いからムリ、と自分に言い訳をしてきました。

天狗が怖い怖い、としつこく言っていたら、なんと、天狗のほうから接触をしてきてくれました。熊野古道を発心門《ほっしんもん》王子から熊野本宮大社に向かって歩いていた時のことです。

世界遺産に登録された直後で、その時の古道はまだただの山道であり、さびれた感じでした。このルートは熊野本宮まで2時間程度かかるのですが、かなり歩いた場所にある鬱蒼とした杉林でのことです。

前から2人連れの、やや中年の女性（たぶん、です。顔は見ていません）が歩いて来ました。テニスにでも行くような軽やかな色の、とてもオシャレなジャージを着ています。この時点でものすごい違和感を覚えました。

2人は私とすれ違いざまに「こんにちは〜」と言い、私が「こんにちは〜」と返すと、なぜかピタッとそこで立ち止まったのです。そして、あたりを見回して、

「みんな、どうしたのかしら〜」

「はぐれちゃったわね〜」

「先に行っちゃったのかしら？」

と、言いました。2人はキョロキョロと周囲を見回していましたが、「行きましょ」と、歩いて行きました。

その後、一人になってよくよく考えると……何かがおかしいのです。夏の暑いさなか、長袖のジャージ姿からして変でしたし、古道を歩いているのに荷物を持っていませんでした。手ぶらだったのです。

古道を逆向きに歩いていたのも謎です。地元の人という雰囲気ではなかったので、ハイキングだ

としても、手ぶらで山中を歩く？　熊野古道をわざわざ本宮のほうから山の中に向かって、逆向きに歩く？　と疑問です。

しかも、「みんな」とはぐれ、その「みんな」は先に行ったかもしれない、と言っていましたが……私は2人と出合う前も、そのあとも、「みんな」らしき人とはすれ違っていません。ちなみに道は一本道です。

うーん、おかしい、何かどこかが変、と思いつつ歩いていたら、突然バサバサバサーッと、ものすごい音がしました。

鳥よりもはるかに大きい何かが、杉木立の中を、熊野本宮に向かってまっすぐに飛んで行ったのです。姿は見えなかったのですが、ハッキリ天狗だとわかりました。どうやら天狗が人になりすまして私をからかったようなのです。

熊野本宮に参拝をして、その足で「大斎原《おおゆのはら》（以前本宮があった場所です）」にも行きました。大斎原はとてもパワーのある場所です。誰もいなくて一人きりだったため、ゆっくりとブラブラしてすみずみまで散策をしました。

そこに、2人連れの中年のおじさん（たぶん、です。服装から判断しました）が現れました。一人が大斎原の解説をしていて、もう一人がフンフンと聞いていています。観光タクシーの運転手とお客さんかな、と思いました。

大斎原の中央には祠《ほこら》があります。そこに手を合わせて帰ろうと思うのですが……2人が祠の前に陣取っています。仕方がないので、一遍上人《いっぺんしょうにん》の石碑の文字を読んだり、別の大きな石碑に彫られている「南無阿弥陀仏」の文字を正面から眺めたりして、2人の様子を伺っていました。

しばらくすると、2人が移動をしたので、祠の前に行って手を合わせました。ほんの30秒くらいだったと思います。手を合わせ終えて振り返ると、シーンとしており……誰もいません。

大斎原の敷地は広いのです。そんなに急にいなくなるなんて、ありえません。走って去ったとしか考えられず、それも陸上選手並みのタイムでなければ不可能です。

おかしいなぁと思いつつ、ふと石碑を見ると（石碑は祠の真向かいにあります）なんと、大きな花束が飾ってあったのです！　黄色い花がメインとなっている、豪華な、大きな花束が石碑の正面に！

ええぇーっ!?　と、叫ばずにはいられないほど驚きました。ほんの30秒前に、花束はありませんでした。私は石碑の文字を一つ一つ見て時間をつぶしていたので、間違いありません。それなのに、手を合わせて振り向いたら……大きな花束があったのです。

物理的におかしいです。本物？　と思って確認しましたが、正真正銘、生花でした。木の葉で化かされていたわけではありません。ちなみにおじさん２人は手に何も持っていませんでした。

こんな不思議なことがあってもいいのだろうか？　一応、この世界には物理の法則というものがあるわけだし……と、しばらく呆然としました。

そこでわかったのです。ああ、これも天狗のイタズラだ、と。怖い怖いとギャーギャー騒いでいたから、お茶目なところを見せてくれたのでしょう。もしかしたら神様に、「怖くないことを教えてあげなさい」と言われたのかもしれません。それ以来、天狗がいる山では、時々人に姿を変えた天狗にからかわれています。

京都の上醍醐寺に登っていた時も、下山してきた50代くらいの女性２人と山の中腹で出合いました。２人はわざわざ私の真ん前でピタッと立ち止まり（本当に真ん前だったので私も立ち止まるしかありませんでした）、そこで「お母さんとはぐれちゃった」と、言うのです。

「まだ上にいるのかしらね～？」と、もう一人が言います。熊野古道と同じ「はぐれた」というパターンなので、ああ、天狗なんだな～、とわかりました。

私がその場所に登るまでに、お年寄りの女性とすれ違っていませんし、その後、山頂に行くまでの間も、山頂にもお年寄りの女性はいませんでした。はぐれたからといって、年老いた母親を一人置いて、娘だけでサッサと下山をするはずがありません。あとから考えても、やっぱり天狗だ～、とわかるヒントをくれているのです。

おかげさまで天狗はまったく怖くなくなりました。お茶目な存在、という感じがします。ちなみに、私の好きな色は黄色なので、花束が黄色だったのはちょっぴり粋だな、と思っています。

ペット連れの参拝

神様の眷属にはいろいろな動物、天狗やお稲荷さん、龍など、様々な種類がいます。前述したように眷属は参道をつかさどっており、参拝させてもらえるかどうかは、眷属次第です。神様は怒ったりしませんが、眷属は何かあれば怒ります。

一番気をつけなければいけないのは、眷属の親分である神様を侮辱しない、ということです。神様を侮辱すると、眷属は猛烈に怒ります。

例えば、山岳系なら本殿の裏にご神体の岩があったりしますが、その岩を足で蹴るとか、その岩に座るとかです。神様はその岩に宿っているわけではありませんが、そういう侮辱は許しません。

普通の神社だったら、ありえないのですが、お賽銭箱にツバを吐くとか、お鏡を手でベタベタ触るとか、そういう行為です。例え話で書いていてもその光景を想像すると、ブチ切れた眷属も思い浮かんでしまって、ものすごく怖いです。

こういう明らかにひどい侮辱はどの眷属も烈火のごとく怒り、障《さわ》りを与えます。しかし、小さな失礼の場合、障りを与えるかどうかは、眷属の性質によります。ペットを連れて神社に参拝するのがその一例です。

犬を連れてお散歩がてら参拝をしたいと考えている人がいらっしゃるかもしれませんが、遠慮したほうがいいように思います。いきなり一回目から、コラー！　犬なんか連れて来やがってー！と障りを起こす厳しい眷属もいるからです。

知人に、犬の散歩の途中で、ふらっと神社に寄ってみたら境内で転んでしまい、何故かうまく手が着けなくて、顔からもろに地面に激突した、という人がいます。

「犬と一緒に神社に散歩に行ったら、強烈な頭痛に襲われました。神様に怒られたのでしょうか？」というメッセージをいただいたこともありますし、「犬連れの参拝で夫が骨折してしまいました」というメッセージもありました。

容赦ない眷属もいますから、怒らせると「二度と同じことをしないように」という厳しいお叱りを受けることもあります。柔らかい性質の眷属だったら、何回か「ケモノを連れて来るなよ」という意思表示をしてくれます。それでも気づかずに連れて行き続ければ、コラー！　となります。

私たち人間からすれば、家族同様の可愛いワンちゃんなのですが、眷属にすれば犬も猫もイノシシもクマも豚も、すべてケモノなので、そこは仕方ないです（粗相をするからダメなのではなく、ケモノがダメなのです）。

ケモノを連れて神域に入ったからといって、神様は怒ったりしません。でも、眷属は怒るのです。ケモノが嫌いだからという理由ではありません。

動物がうっかり間違って神域に入っても、眷属は怒りません。山の中でイノシシが境内に入ったり、神社に迷い犬が入ったりしても、その動物に罪はないのです。つまり、その動物が嫌い、というわけではないのですね。

神社の眷属たちは自分たちの親分（神様）のところに、「ケモノ連れで平気で参拝する人間」が許せないのです。なんでケモノがいけないの？　眷属のお稲荷さんは狐で、狐だってケモノでしょ？と思われた方がいらっしゃると思います。

実は、眷属の「狐」は、動物園にいる「キツネ」と同じではありません（区別するために漢字とカタカナで分けています）。

同じ「きつね」という言葉を使っていますが、眷属の狐は神獣です、霊力があります。動物のキツネとは違いますし、動物のキツネが死んだからといって神獣の狐になるわけではないのです。

眷属の狐は地上に生まれたことがない自然霊で、姿かたちがキツネに似ている、キツネに見える、というだけです。見えない世界で自然霊としている狐と、実在する動物のキツネは完全に別物です。ですから、眷属の、神獣の狐はケモノではありません。

ただ、霊的な地球規模の目で見ると、おおもとの根っこは同じです。両方の地球上での、発生の元というか霊的な種というか、そこは同じなのです。ですから、狐が眷属である神社では、その眷属と根っこが同じ動物のキツネも、眷属の部類になります。この神社に限っていえば、キツネはケモノではないのです。

眷属である犬やオオカミなども、地上に生まれたことがない自然霊の神獣で、動物の犬とはまったく違います。ペットの犬が死んでも、霊力あるこの神獣になるわけではありません。ですが、根っこは同じなので、眷属が犬系の神社では、犬はケモノではなく眷属のほうに入ります。なので、この神社に犬を連れて行くのは大丈夫なのです。

眷属がいない神社、というものもあり、そういう神社も犬を連れて行けます。性質が穏やかな眷属がいる神社も、ンモー、と思いながらも許してくれそうなので、どうしても犬と一緒に行きたいのであれば、今言ったような神社になるかと思います。

お稲荷さんでも格が高くて、眷属も穏やかであれば大丈夫ですが、犬を連れた参拝は眷属が犬系の神社以外は、やめておいたほうが無難です。私だったら、たとえ縁をいただいている神社でも、眷属が穏やかな神社でも、犬を愛するがゆえに連れて行かないです。

連れて行った自分が転んだり、骨折する分には納得がいきますが、万が一、犬に障りが出たら、罪がない犬が可哀想だからです。犬は頭が痛いとか、お腹が痛いとか言えないので、何かあったら不憫です。

ケモノ連れの参拝を眷属が「怒る」ということは、それは見えない世界において、神様に対してちょっと失礼な行為である、ということです。眷属だって立派な神獣ですから、正当な理由なく怒ったりしません。親分に対する侮辱の部類に入るからこそ、眷属も怒るわけです。

え〜、でも、神様は怒らないのですよね？　だったら、いいんじゃないでしょうか？　眷属って心が狭いのですか？　と思う方がおられるかもしれないので、もうちょっと補足を致します。

水戸黄門と、助さん・格さんで説明します。たとえば町人が、町人という低い身分なのに、黄門様の肩をポンポンと叩いて、気安く「長旅で疲れたでござろう」と言ったらどうでしょう？　助さんと格さんは「無礼者！　頭《ず》が高い！」と激怒すると思います。

助さんと格さんには、黄門様の前での、町人の態度はこのようなものが望ましい、このような態度が当たり前である、という認識があるからです。それをはるかに超えていれば、失礼な奴、無礼な奴、となるわけで、助さんと格さんは怒ります。

当然です。助さんと格さんは黄門様がどのようなお方なのか、真の黄門様の身分や偉大さを知っているからです。でも町人の方はよく知らないので、親密なのはいいことだ、と軽く考えています。助さんと格さんが怒って、頭が高い、と態度を改めさせるのは当たり前だと思います。

当の黄門様は「ははは」と笑い、「よいよい」などと言って、怒ったりしません。失礼な態度には違いないのだけれど、それくらいのことで怒ることもないだろう、と鷹揚です。

ペット連れの参拝も、このような構図です。

私たち人間にはわかりませんが、眷属が怒るということは、ちょっぴり失礼な行為にあたるわけです。これは眷属が意地悪をしているのではなく、眷属は眷属で、忠誠心に従って真面目に仕事をしているだけなのです。

厳しい眷属から大事な愛犬を守るためにも、一緒に参拝するのは遠慮したほうがいいですよ、ということをお伝えしておきます。

※盲導犬は例外です。盲導犬の役割は眷属もちゃんと知っています。まれにですが、犬に高級霊が宿っていることがあって、その場合もスルーしてくれます。

第3章 お稲荷さん

お稲荷さん

お稲荷さんは小さな祠のお稲荷さんから、とても大きな神社に祀られているお稲荷さんまで、その規模はさまざまです。お稲荷さんはお願いを聞いてくれる確率が高い神様であり、働き者なのですが、参拝にはちょっとした注意が必要です。

お稲荷さんは、人々の「お稲荷さんを信仰する念」をエネルギーにしています。信仰する人……参拝客が多ければ多いほど、どんどんパワーがついて、ますます願い事が叶いやすくなります。この場合は何の問題もないのですが、困るのは参拝者が激減してパワーが落ちてきた時です。

特にとても小さな祠、小さなお社のお稲荷さんは拝みに来る人が減って、祠やお社がボロボロになり、さらに雑草で覆われたりしてさびれてくると、パワーが減っていきます。まったく参拝者が来ないようになると力が無くなる場合もあります。

そうなると、怒るわけです。以前は参拝に来ていたのに、なぜ、来なくなったのだ！　と。少し前まで足しげく参拝に通っていたが今はもう行っていない……という人に災いや不幸が起きることがあります。

もちろんお稲荷さん全部がそうではありません。優しいお稲荷さんもいますし、神格が高いお稲荷さんもいます。怒るお稲荷さんは数からいえば少ないのですが、そういう傾向がある神様なのです。

神社に行くと神様にご縁をいただけます。参拝一回目でご縁がもらえるのか、何回か通ってやっともらえるのかは神様によるのですが、コンスタントに参拝すれば、ほぼご縁はもらえます。

ご縁がもらえると、神様に特別に目をかけてもらえますが、お稲荷さんの場合、お稲荷さんのパワーが無くなって落ちぶれた時に怒られるのは、このご縁をいただいている人たちです。参拝に行かないことを恨まれたりもします。ですので、お稲荷さんを信仰する方は〝コンスタントに〟末長く、参拝することをお勧めします。

私の実家の神棚には両親の田舎のお稲荷さんが勧請されて祀《まつ》られています。毎月1日と15日の神様の日には、母が必ずお供え物をして大切にしているので、願い事は何でも聞いてくれます。

父が元気で仕事を続けられますように、収入がこれだけありますように、と母はお願いしているようですが、75歳の父にいまだに仕事の依頼がバンバン入ります。父は特殊な頭脳仕事をしていますが、依頼のおかげで日本全国あちこち出張をしています。

大切に祀ってコンスタントに信仰をすれば、面倒見が良く、非常に頼りになるのがお稲荷さんの特徴です。

通勤途中のお稲荷さん

以前勤めていた会社の最寄駅から会社に向かう途中に、小さな祠のお稲荷さんがありました。

私はそのお稲荷さんを続けて信仰することが出来ないと思ったので、いつもその前を手を合わせることなく通過していました。毎日通る私を見て、お稲荷さんが「おや？」と気にかけているのは感じていました。

半年くらいたって、通る時に見られている感じがありありとしたので、その日から挨拶だけするようにしました。祠に向かって頭を下げて、朝は「おはようございます」と言い、帰りは「こんばんは」と言って、相変わらずそのまま通り過ぎていたのです。

そのようにして一ヶ月くらいたったある日、お稲荷さんから声をかけられました。

「手を合わせて行かぬのか」と。

もしも、会社を辞めてしまったら、私は二度とここを通らないので、そうなると定期的に拝めませんから……ということを説明しました。その時は「そうか」と納得していましたが、毎日通って挨拶はするくせに、手を合わせずにサラッと去ることがやはり気に食わなかったのでしょう。

ある夜のことです。残業をして、21時半は回っていたと思います。いつものようにてくてく歩いて「こんばんは」と挨拶をして通り過ぎると、お稲荷さんが後ろからついて来ました。

「なぜ、手を合わさぬのか」と、ちょっと機嫌が良くない感じでした。

そこで、同じ理由を言ったら……、

「ワシが怖くないのか！」

と言うと同時に、大きな真っ黒い塊となって私の正面に回り込んだのです。背後にいた時は気配だけだったのに、真っ黒な雲の塊というか、煙の塊というか、そういうものになって、私の頭頂部から正面に、ぶわっと現れました。その瞬間に体に電気みたいな衝撃が走りました。

「怖い！」という恐怖が湧きましたが、そこに、なんと、私の守護霊が出てきて、守護霊が強い口調でお稲荷さんを一喝したのです（守護霊は基本、おもてに出ないので、完全にイレギュラーな行動です）。

「多くの神々がついておるのが見えぬか！」

お稲荷さんは一瞬、きょとんとしていましたが、守護霊が「上を見よ！」と言うと、言われるままに上を見上げました。すると、そこでようやく私とご縁を結んでくれている神々が見えたようで、驚いていました。

慌ててシッポを巻いて逃げて行きます。真っ白い尻尾を本当に巻いて、走って自分の祠に戻って行く姿が見えました。お稲荷さんって、やっぱり参拝してもらいたいんだな、と思いました。

次の日から3日続けて、夜にお稲荷さんの前を通る時、「香水?」と思うような芳香が漂っていました。脅して悪かった、ということでしょうか。

それ以来、通勤経路を変更して、お稲荷さんの前は通らないようにしました。毎日通って挨拶はするけれど、一切手を合わせない私の態度も失礼だと気づいたからです。10分くらい遠回りすることになったのですが、仕方ないと思い、せっせと歩きました。

お稲荷さんとの関わりはやっぱり難しい、と思った出来事です。

お稲荷さんとの約束

母がまだ16歳の時のお話です。突然、首に小さなイボがいくつも出来ました。痒《かゆ》いとか痛いとか、そういうことは全くなかったのですが、16歳の乙女《おとめ》ですから、見た目が気になります。いろんな薬を塗りましたが、いっこうに良くなりません。

深く悩み、落ち込んでいたら、お稲荷さんに願掛けをすると願いを聞いてもらえる、という噂を耳にしました。そこで母はお稲荷さんに行き、願掛けをしました。

「明日から一週間、毎日欠かさずお参りします、油揚げも毎日お供えします。だからこのイボを治して下さい」

それから毎日、学校から帰ると母は油揚げを持って、お稲荷さんにお参りに行きました。

6日目のことです。母はなぜか、お参りのことをすっかり忘れていて、気がつくと21時を回っていました。当然、あたりは真っ暗です。昔の田舎町ですから、外灯などもほとんどありません。

母は、今日はお参りをお休みして、明日を6日目にすればいいや、と考えました。祖父と祖母にそう言うと、2人は「それはいかん。今からお参りして来なさい」と予想外のことを言います。

「神様との約束は破ってはいけない」と言うのです。

母は「えーっ!」と思いました。こんな時間から行けって……普通の親なら、襲われるのを心配するんじゃないの？　とちょっと腹も立ちました。しかし、神様との約束を破ってはいけないと言われたからには行かなくてはなりません。

この話を聞いて、私が親だったとしても、「お稲荷さんと約束をしたのなら、今から行ってきなさい」と言うな～、と思いました。

母はさすがに一人で行くのは怖いので、すぐ下の妹と一緒に行ってもいいかと祖母に聞きました。すぐ下の妹は14歳でまだ子供だから、一緒に行っても構わないだろうという返事でした（こういう願掛けは基本、一人で行きます）。

母は嫌がる妹をムリヤリ連れて、お稲荷さんのお堂がある山へと向かいました。

お堂は小学校の裏から低い山を登って行くのですが、20分ほどかかります。しかも、お堂までの道の途中、両側に墓地があるのです。墓地の面積が広いので、ずーっと墓場の中を歩いていく……という道なのです。夜歩くのはすごく勇気がいります。

母と妹は、歌を歌ったりしながらお墓の中を抜け、お稲荷さんに着いてお参りをすると、一目散に走って帰りました。

翌日の7日目もちゃんとお参りをして、無事結願《けちがん》をしました。

8日目の朝、母が目覚めると、イボが乾燥してカサカサになっていました。触ってみると、不思議なことに、ポロポロと次々に取れていきます。全部のイボが取れ、鏡で見てみると、何の跡も残らずキレイに治っていました。

「奇跡だ！」と母は思ったそうです。

このお稲荷さんはのちに祖母が勧請をして、今は私の実家に祀られています。

このように神仏と約束をしたら、人間の都合で勝手に約束を反故《ほご》にしてはいけません。忘れていたから、夜だから、暗くて危ないから、というのは全部こちらの都合です。神様のほうからしたら約束を破っていい理由にはなりません。

特にお稲荷さんは厳しいので、約束をしたら必ず守ったほうがいいです。怒らせるとあとが怖いからです。

お稲荷さんは現実の世界に強力なパワーがある分、付き合い方も難しいです。しかし、私の母のように一生懸命に信仰をすれば、願いは何でも聞いてくれます。ついでに言えば、お稲荷さんは本当に油揚げがお好きです。油揚げがない場合、いなり寿司でも喜んでくれます。

もしも、母のような願掛けを考えているのであれば、実行出来るかどうかギリギリなんていう賭けはしないほうがいいです。「神仏との約束」ですから、そこは慎重にされたほうがよいと思います。というか、叶えてくれるならこうします、と言わずに、ただお願いだけをすることがお勧めです。

京都伏見稲荷大社

お稲荷さんとの付き合いは慎重にしたほうがいいということを、ブログに何回か書きました。そんなに多くありませんが、中には厳しいお稲荷さんもいるからです。

でも京都の伏見稲荷だけは、たとえご縁をもらったとしても、一回きりの参拝でＯＫ、障りなどないと、なぜかそういう印象を持っていました。それは伏見稲荷が大規模な神社だから、参拝客が多くいるからだと思っていました。しかし、行ってみないことには真相はわかりません。そこで、自分の目で確かめに、京都まで行ってきました。

京阪電車の伏見稲荷駅で下車し、道なりに歩いていたら、いきなり楼門《ろうもん》の前に出ました。ＪＲだと鳥居を一つ一つくぐりながら楼門まで行くようになっているそうで、正面から行ってご挨拶をしたい方はＪＲで行かれたほうがいいと思います。

この日は平日だというのに、ものすごい人出でした。たぶん半数が外国人（おもに中国の人）だったのではないかと思います。あちこちから中国語が聞こえていました。欧米人もとても多く、予想以上の参拝客でした。

楼門から入ると、すぐ目の前に本殿があります。ここで手を合わせて、失礼がないようにまず自己紹介をしました。そして、ブログを書いていることをお話し、そこに伏見のお稲荷さんのことを書かせてもらいたい、正しく書きたいのでいろいろと教えて下さい、と丁寧にお願いしました。かなり長い時間手を合わせていたので、周りからは変に思われたかもしれません。

拝殿では神様の声は聞こえませんでした。ほんの少し観光地化されているようで、拝殿は神様がいる空間ではないように感じました。

神社の背後にある稲荷山に登るために、拝殿の左側に回り込んで歩き始めると、多くの眷属が見えます。その中には厳しい性質の眷属もいます。

「ひ〜、キツそうな眷属〜。こっちを睨んでるし〜」というのもいて、私のそばにいる狛犬ともども謙虚に、偉そうに見えないように歩きました。

千本鳥居のほうから山頂を目指して行ったのですが、途中で、「ああ、ここからが神域だ」という場所があります。

鳥居がちょっと途切れて、左側に川が流れているところです。明らかに周囲の「気」が違っているので、分かりやすいように思います。そこを通り過ぎて、伏見のお稲荷さんに話しかけてみました。すると、すぐに声が聞こえたのですが、その声を聞いて驚きました。

伏見のお稲荷さんは一般的なお稲荷さんとは格が違っており、もっともっと〝上級の〟神格の高い神様に昇格しているのです。波動が非常に高く、山岳系神様の波動とほぼ一緒です。普通のお稲荷さんとは、もう全然、違うのです。

「うわ〜！」と感動していると、私の前を歩いていた中国人の男性が、いきなり参道にツバをペッと吐きました。

「ひぃぃぃぃぃ！」と心底ビビリました。

いくら知らないとはいえ、よりによって厳しい眷属が多くいるこの神社でツバを吐くとは……と、目が点です。たぶん、あの男性はあとからなんらかのバチが当たっていると思います。厳しい眷属たちがあの行為を許すはずがありません。

神様にはまず、外国の人が信仰心もないのに、観光地として参拝するのはどうなのか？　ということについて聞いてみました。すると、伏見のお稲荷さんは（神様ですが、便宜上こう呼ばせていただきます）、まったく構わないと言います。

人が多く集まると活気が出る、活気が出ればそこにパワーが生まれる、そのパワーは土地や場所の波動を上げる、と言っていました。にぎわうことは良いことなのですね。

どの辺だったのか、正確な場所は地図ではわからなかったのですが、稲荷山登山の途中に、右側に小さなお社《やしろ》がたくさん置かれている場所がありました。ここで尻尾を何本も持った白いキツネを見ました。たくさんあるお社のどれかには、大変強い力を持ったお稲荷さんがいるようです。

神様への次の質問は、私の中で長く疑問だったことです。小さなお社のお稲荷さんは、どうしてうらぶれた時に、参拝しなくなった信者に障りを与えるのか……です。

その答えは、「まだ眷属クラスなのに、祀られているからだ」でした。まだまだ修行が必要な修行中の身であるのに、神様として祀られているお稲荷さんが多くいるそうです。そのお稲荷さんたちは、伏見のお稲荷さんのところにいれば、眷属として働くクラスだそうです。

神様の域に達していないから、人間を懲らしめたり、失礼をされて怒ったり、なぜ参拝に来ないのかという〝怒り〟の感情を持っていたりするらしいです。神様の域に達すると、そういうものは一切なくなるとのことでした。

もしも、このようなお稲荷さんを怒らせてしまって、謝罪しても障りが取れない、許してもらえない場合はここに来なさい、とのことです。伏見のお稲荷さんがおとりなしをして下さるそうです（おとりなしをお願いするためには稲荷山に登る必要があります）。

次に、ダキニ天（インドのヒンドゥー教から来た仏教の仏様らしいです）という方がいらっしゃるお稲荷さんがあると聞きました、というお話をしてみました。本当かな？　と思っていたのですが、「そういう稲荷もある」と言います。

ただ、ダキニ天はダキニ天のままである、とのことで、イマイチ意味がわからず、えーっと？と考えていたら、「不動明王は神になったりせず、ずっと不動明王だということはわかるか？」と言われました。

ああ、なるほど、そういうことかと思いました。ただし、厳密にいえば、中身の不動明王は修行により、格は上がっていくそうです。すると、今度は下から昇格してきたものが不動明王の中身となって、その結果、不動明王はずっとそのままいることとなる、と教えてもらいました（その単位は何千年、何万年なのだろうと思います）。

このあたりの仕組みは複雑で難解なため、まださっぱり理解が出来ていませんが、なんとなくわかるような気がすると思いました。

全国各地には「神道系のお稲荷さん」と「仏教系のお稲荷さん」があり、それは別物である、と言われていますが、私が感じたのは、基本的な部分に違いはないということです。ただ、伏見のお稲荷さんは、長い年月の修行の末に神様になっていて、他の大きな神社のお稲荷さんも神様になっているか、それに近いクラスまで昇格されているのだと思います。そこが違うといえば違います。

どのように神格が上がっていくのかと言いますと、最初は見た目、キツネのお姿です。それが波動が上がっていくにつれて真っ白になり、次に金色に輝く姿になり、その後は体から光を放つようになって、そのうち徐々に透明化していきます。最後は完全に透明なお姿となり、キツネの姿ではなくなります。これが神格の高い神様になる軌跡です。

透明な神様となったこの時点で見ると、眷属クラスのキツネ姿のお稲荷さんとはまったく別の神様に見えます。伏見のお稲荷さんを見て、「神道系はこのような神様なのだな」と思ってしまうと、キツネ姿のお稲荷さんとは違う、仏教系のお稲荷さんとは違う、となります。しかし、はるか大昔の太古の時代は一緒だったのです。

波動は山岳系神様とほぼ一緒だな〜、と思っていたら、伏見のお稲荷さんのほうから「種類が全然違う」と言われました。これは謙遜とかではなく、「事実、全然違うから」みたいな、サラッとした感じで言われました。やっぱり山岳系神様は特別なようです。

伏見稲荷はとにかく眷属が驚くほど多く、これだけたくさんいれば、どの眷属かが願いを聞いてくれそう！　という感じです。

稲荷山への登りは右側をぐるりと回るコースで行き、帰りは三ツ辻から左側コースを歩くことをお勧めします。なぜなら、鳥居がたくさんある右側コースよりも、眷属が少ない左側コースは気がまろやかになっており、山でもらった高い波動をほわほわしたまま持って帰れるからです。

下の本殿まで戻ると、これから何かイベントが開催されるらしく、大勢の人が待っていました。ポスターには「火焚《ひたき》祭り」と書かれていました。見物するかどうか迷いましたが、次に下鴨神社へ行く予定だったので、見物は諦めました。

「見ていかぬのか？」

「もう一社、行ってみたい神社がありますので」

「そうか、気をつけて行きなさい」

と、優しい言葉を最後にかけてもらえました。

伏見稲荷大社は素敵なパワースポットです。そして、ここの神様は一般のお稲荷さんとは、もうまったく、全然格が違います。

京都に行かれる方は、パワーをいただきに気軽に参拝に訪れるといいと思います。その際、パワーをもらえるのは稲荷山です。途中まででも構わないので、登って山を歩き、波動の高い気を浴びて、パワーをいただきます。ただし、眷属はキツイ性格のものもいますから、くれぐれも失礼のないようにお参りされたほうがいいです。

全国あちこちにある小さな祠や、小さなお社のお稲荷さんは、眷属クラスかもしれないし、神様に近いクラスかもしれないし、その神格はそれぞれだということです。

眷属クラスだと、まだまだ性格がキツく、怒らせると障りがありますが、神格が高ければ少々のことがあっても障りなどありません。眷属クラスといっても霊力は強いので、願いは叶えてくれます。失礼がないように、そして定期的にコンスタントに参拝に行きさえすれば、お稲荷さんは怖いどころか、とてもありがたい存在なのです。

今回の参拝では、貴重な多くのことを教えてもらい、大変勉強になりました。神仏に関しては、自分で行ってみなければ本当のことはわからない……ということも学習しました。

第4章 異次元体験

時空の迷路

「バミューダトライアングル」の謎とされているお話を知ったのは、中学生の時でした。有名なお話なので皆さん知っておられると思いますが、ご存知ない方のためにざっと説明をします。

場所は大西洋で、アメリカフロリダ半島沖の大きな三角形の海域です。この三角形の中を通過する船舶や飛行機が、もしくはその乗務員のみが、突如何の痕跡も残さず消えてしまうことがある……というミステリーです。

たとえば飛行機だったら、普通の墜落などと違って残骸は一片も見つからないので、別の次元に移動したのではないか、という推測がされています。それで「魔の三角地帯」と呼ばれているのです。

時空が歪んでいて、裂け目が出来ているのだろうか？　と、この話は大人になった今でもものすごく怖いです。

どこで読んだお話だったのか忘れましたが、比叡山《ひえい》にタクシーで登った時のエピソードも怖かったです。その方がタクシーの運転手さんと雑談をしていたら、運転手さんがこう言ったそうです。

比叡山は降りる時に、常識では考えられないくらいとても時間がかかることがある、と。そのような時は同じ場所を何回も走っているということで、これは怪談話ではなく、本当にたまにあるんですよとかなんとか、運転手さんが言ったと書かれていました。

場所はどこであろうと、何かの拍子に時空の迷路に迷い込んでしまうことがあるのだろうか、と思うと恐怖を覚えます。

さて、ここからは私の体験談です。私は山岳系の神社に行くのが好きですが、神様とコンタクトをするためにたいていい一人で行っています。熊野地方もそうです。

貴重な時間を有効に使うためと、宿泊費節約のために、夜遅くに家を出発して未明に着くようにしています。こうすれば仮眠を少し取るだけで、早朝から参拝が出来るからです。

その日もレンタカーを借りて、夜遅くに家を出発しました。奈良県の五條市から南下して山間部に入ったのは、すでに午前一時を回っていました。車は1台も走っておらず、民家もまったくありません。途中には気味が悪いトンネルがあったりするのですが、気にせず運転していました。

余談ですが、山道で一度、車を停めてライトを消してみたことがあります。自分の車のライトしか光がないなぁ、と思ったので、ちょっと実験をしてみたのです。

ライトを消してみたら漆黒の闇で、何も見えません。そして、山の中だとその闇がグイグイと迫ってくるのです。闇の中にはいろんなものがいて、こちらを見たり、寄ってくるものもいました。

うわぁ！　このままライトがつかなかったらどうしよう！　と、ものすごい恐怖を味わいました。

右も左も、何も見えない暗闇があるのですね〜。本気でビビりました。

話をもとに戻しまして、熊野地方へ行く時はいつも夜中ですし、仕事を終えて行くことが多いので、運転中はぼーっとしています。半分寝ているような感じです。

この日もそのように運転をしていて……「あれ？」と思いました。時間的に十津川村の吊り橋あたりに着いてもいい頃なのに、全然到着しないのです。ハッと気づくと今走っているその場所は……、

「ここ！　さっき、通過したじゃん！」と思わず叫んでしまった見覚えのある道でした。なんと一度通過した場所だったのです。気づいた瞬間、背筋がゾ〜ッと凍りました。全身から冷や汗が吹き出て、ものすごい恐怖にかられました。

顔面蒼白となって運転している間も、ほんの何十分か前にボケ〜ッと見た看板があったりして、確実に通過していたことを確認しました。一度通った同じ道をまた走っているというありえない現象に遭遇したのです。

運転しながら「もう一回さっきの看板が出てきたらどうしよう」と半泣きになりました。もしも3度目があったとしたら……その後は延々と繰り返してこの道を走りそうです。永遠に抜けられないような気がしました。

頭の中は、バミューダトライアングルや比叡山のタクシーの話がグルグル回っていて、真っ暗だし、目撃者はいないし、時空の裂け目に落ちてしまったら行方不明となるのかな、などと考えたりもしました。

あんなに恐怖を覚えたことは他にはなく、必死で神様に、大声でお願いをしながら運転しました。幸い２回で抜けることが出来ました。どうすれば同じ道を２回走れるのか、物理的に考えたら不思議でなりません。

次に熊野地方に行った時も宿泊費節約のため、また同じような時間に出発して、丑三《うしみ》つ時に山間部を走りました。この時はアップテンポの曲をガンガンかけまくり、大声で歌いながら運転したのがよかったのか、そのような不思議な現象はありませんでした。

妖気が漂う山中ですから、「〇〇橋通過！」とか「ここも無事に通過しました！」などと大騒ぎで（一人きりですが）、確認しながら走ったのもよかったように思います。

深夜遅くたった一人で、街灯も民家もない山間部を、黙ったまま、静かにボ～ッと運転していると、うっかり時空の迷路に入ることがある……そんな怖い体験でした。

異次元体験

もう一つ、異次元の世界に行ったのかな～？　と思っていることがあります。

読者の方からいただいたメッセージに不思議なお話が書いてあって、「あるある、そういうことあるんだよね」と共感したので、私のことも書いてみることにしました。

まず、いただいたメッセージの不思議話です。厳しいことで有名な山岳修行の山々を、時々一人で縦走しているという男性からのメッセージです。

その方は、深い山の中で「円柱形の小さな建物」を見たそうです。中を覗いてみると、明るくてきれいで、ふんわりとした座布団がありました。その時の天候は暴風雨だったのに中に誰もいないのは変だな、と思ったそうです。男性は結局、中には入らず先を急ぎました。翌年同じコースを歩いてみたけれど、その建物は見つからなかった、というお話です。

別の登山でも、何回も登っているコースに「あるはずがない道」を見た、という経験もあるそうです。怖いですね。

こちらは別の読者さんの体験です。男性の方で、10年くらい前に新車で、ある山へドライブに行ったそうです。

うっかり車幅ギリギリの狭い山道に入ってしまい、Uターンが出来ないので、そのまま山奥へと進みました。夕刻が近づいて、ただでさえ薄暗い山道はどんどん暗くなっていきます。不安になったところで、急に広場のような場所に出たということです。

そこにはお城の跡のようなものがあり、立て札がありました。広場の真ん中には祠があって、そこに２メートルくらいの大きな白い狐の像があったそうです。その祠に手を合わせて帰ってきた、ということでした。

その時に「また来ます」と約束したことを後年思い出し、立て札に書かれていたお城の名前の城址に行ってみると……まったく別の場所だったそうです。〝幻の場所〟で、「また来ます」と、お稲荷さんと約束を交わしたのに行くことが出来ない、という内容でした。

そこで私の話です。去年、私は京都に行った時に、ぶらっと坂本龍馬と中岡慎太郎のお墓を訪ねました。このお墓に行くのは２度目です。

墓地の入口に料金ゲートみたいなものが出来ていて、へ～、このようなシステムになったんだな～と思い、料金を支払って中に入りました。墓地への坂道を上って行きつつ、「？？？」となりました。

以前に来た時は、見晴台からさらに上へ行った所にお墓があったのですが、今回は見晴台の所にお墓があるのです。「あれ？」と思いました。

次に、坂本龍馬と中岡慎太郎のお墓に〝鳥居〟があったので驚きました。前に訪れた時は、鳥居はありませんでした。石で作った柵みたいな囲いも以前はなかったです。お墓は地面にそのまま立てられていたのに、今回行くと、石組みの上にあって、地面より一段高くなっています。そして何より、お墓の前がすごく広くなっているのです。

私が初めてそこを訪れたのは、26年前でした。当時はまだ福岡に住んでいました。3泊4日の日程で京都・奈良に来たのです。

坂本龍馬と中岡慎太郎のお墓に行ったのは、夕暮れ時でした。日は落ちていたと思います。今考えると、よくそんな時間に墓地に行ったなぁと、自分の無謀さが怖いです。

一人で坂道をトボトボと登って、2人のお墓の前に行きました。2人のお墓は、墓石こそ石でしたが、囲いはなく、非常に粗末な感じでした。もちろん鳥居などありませんし、お墓の前に今のようなスペースもなく、真ん前は直接、通路というか、道になっていました。それも舗装されていない、土の道でした。

「維新の立役者なのに、なんでこんな扱いなのだろう？」と思いました。

とりあえず、お墓の真ん前にかがんで手を合わせました。当時は前世の詳しい記憶もなかったので、「こんにちは。福岡から来ました」くらいしか言わなかったと思います。

するとその時、〝風がまったくないのに〟そばにあった木がバサバサバサーッと、ものすごい音をたてて揺れました。台風でもそこまで揺れるのは無理、というくらいの揺れようだったのです。その揺れで、木に残っていた、前日に降った雨の水滴が、私にバラバラバラーッとかかりました。

当時の私は、出てくる幽霊は見えても、いろんなことがわかる能力はありません。でも、坂本龍馬か中岡慎太郎か藤吉《とうきち》の誰かが、喜んでいることはわかりました。

風がないのにどうして木があんなに揺れたのか……なんとも不思議なことがあるもんだと思いました。その木は、私の背丈よりほんの少し高いくらいでした。埋葬した時に植えた木だったら１００年以上たっています。それなのにえらく小さいので、「おかしいな～、変だな」と思いました。

今回再訪してみて、全然違うお墓だったので本当に驚きました。前回行ったのは26年も前です。お墓参りをする人が多い２人なので、場所を移動して、鳥居はきっとその後に設置されたに違いない、と考えました。鳥居を作る際にお墓の前にスペースも作り、囲いも石組みも新たに作ったのかもしれません。

ところが近づいてよく見ると、鳥居は結構な古さであり、最近設置したものではなさそうなのです。「う～ん、何がなんだかよくわからない」と思いましたが、「ま、いいか」と深く考えず、お墓参りを済ませて帰りました。

読者の方から異次元体験のメッセージをもらって、このことを思い出し、いろいろと調べてみました。しかし、鳥居がここ26年の間に設置された形跡はなく、お墓が移動された資料もなくて……さっぱりわかりません。

一件だけですが、昔はたしか、あの鳥居はなかった、と書いていた人がいました。私と同じ意見です。その方も疑問を調べ、鳥居は明治政府が護国神社を創建した時に設置したものである、という答えを見つけていました。

「そうだったのか～」と思う半面、でもやっぱり私が行った時に鳥居はなかった、と思います。もしあったとしたら、お墓に鳥居という奇妙な組み合わせに何も感じないはずがないし、「維新の立役者なのに粗末なお墓だな」などと考えないと思うのです。

不思議です。明治の頃から鳥居があったのであれば、私が26年前に訪れたお墓は〝異次元世界のもの〟なのかもしれません。もしくは時空を超えて、〝埋葬間もない時のお墓に行った〟か、同じく時空を超えて〝整備される直前の明治時代のお墓に行った〟としか考えられません。

そんな馬鹿な……と自分でも思います。たった一人ですが、昔はたしかあの鳥居はなかったと言う人がいるということは、もしかしたら26年前あたりに、何かの理由で鳥居が撤去されていた可能性があります。

もし、そうだとしたら、石囲いや石組みはなかった、お墓の前は土の道だったというのは、単なる私の勘違いということで説明がつきます。

しかし、それなら一時期鳥居が撤去されていた、再設置したという情報がもっとあってもいいはずで……「あー、もう、わからんっ！」と、頭をかきむしっています。

つまり、まだ答えは出ておりません。引き続きいろいろと調べて、検証していきたいと思っています。

ただ……私が26年前に見た、お墓の周辺の粗末な感じは、埋葬からそう時間がたっていない時のような気がします。熊野での体験もありますし、何らかの理由で埋葬直後のお墓に行ったのではないか……と考えています。

波動が体に作用するのは

山岳系神様や神社にいる神様、仏様（死んで成仏をしたご先祖様のことではなく、如来《にょらい》とか菩薩《ぼさつ》などの仏様です）などの高級霊は、波動が高いです。

その波動は細かくて、密度が高く、まろやかな感じです。人間の感謝の念や、感動や、慈悲の心なども、神仏ほどではありませんが、高い波動になります。

逆に、幽霊や悪霊、因縁のある土地、人の良くない思念（憎悪、妬《ねた》み等）などは波動が低いです。粗くて、薄く、ザラザラした感じです。

そもそも波動とは何なのか……と考えたことがあります。低くて良くない波動に長期にわたってさらされると、体調が悪くなったり、病気になったり、心が深刻なダメージを受けたりします。高くて良い波動に当たっていると、免疫力が上がって病気が治ったり、心が爽やかに解放されたりします。

つまり、波動は心と体に影響をおよぼすわけです。心が影響を受けるのは何となくわかりますが、物質である肉体にも作用をするのです。どうして物質に作用するのだろう？　と不思議でした。

そんな時に物理学の「超ひも理論」を知りました。たくさんの本を読んで私なりに理解しましたが、私は理数系が得意ではありませんし、もちろん物理の専門家でもないので、解釈が間違っているかもしれません。でもそれによって、波動が作用することが納得出来たので、ちょっと書いてみます。

物質は原子から出来ていて、原子は原子核と電子から成り立っています。原子核は陽子と中性子で出来ていて、この陽子や中性子も、もっと小さなクォークという素粒子から出来ています。

超ひも理論は、万物の根源である素粒子が極小の〝ひも〟で出来ているという考えです。

そして、この〝ひも〟は、なんと！　〝振動〟しているのです。

振動にはいろんなパターンがあって、動きが違うその振動によって、素粒子の形が決まります。波うったり、形を歪めたり、回転したりと、振動には無数の動きが考えられ、その振動に対応する素粒子も無限に現れると考えられています。

〝ひも〟の振動の仕方で〝物質〟が決まるのです。つまり物質は、目に見えない小さな小さな世界で、絶えず振動しているわけです。

私たちの肉体も例外ではなく、小さな振動によって成り立っています。それにより、神仏の高い波動や、良くないものの低い波動の影響を受けるのではないか、と思っています。

〝ひも〟の振動の仕方によって物質自体が変わるのですから、かすかな振動の影響でも大きく作用するように思います。

低い波動にさらされれば、〝ひも〟の振動数もわずかに低下して、正常な細胞が病気の細胞になるのだろうと解釈しています（あくまでも私の考えです）。

逆に神仏の高い波動に当たれば、自分の振動もちょっぴり高くなって、ガン細胞が正常な細胞に変わったり、免疫力が向上したりするのではないかと思います。

振動が上がれば温度が高くなるのでは？　と思われるかもしれませんが、それは〝分子〟の振動であって、〝ひも〟の振動とは別なのです。水の温度は、その水を作っている分子がどれだけ激しく動いているかによって決まります。水の分子が激しく動けば動くほど温度は上がります。

〝ひも〟は、その水の分子「H_2O」を酸素と水素に分け、その酸素なり水素なりの、原子核の中の、陽子や中性子をさらに小さくしたクォークの中なのです。完全に別物です。

自分という肉体をどんどん小さく見ていくと、目に見えない一番小さな物質は、どれもがすべて絶えず振動しています。振動で成り立っている肉体だからこそ、他からの振動の影響を受けやすいのではないかと思いました。

なので、良い影響が出る高い波動になるべく多く当たるようにして、低い波動は避けるべきだと、私はそう考えています。

新撰組の波動

事件を起こした某教団について、元幹部だった人が組織の内側から書いた本が出ています。興味はありませんでしたが、一応、読んでおいたほうがいいのかなと思って、図書館で予約をしました。ずいぶんと待って、先日やっと順番が回ってきました。

図書館から持って帰り、何気なくパラパラ〜ッとめくって見ると、写真なども入っている本でした。この時は読む時間がなかったのでそのまま閉じたのですが、翌日ふと気づくと、この本が重たい「気」を発していました。

本の周囲がどんよりしていて、そばに寄りたくない気持ちになるのです。ざっと軽く読もうと思いつつも、どうしても手に取りたくありません。

著者の方には申し訳ないのですが、この本は良くない波動を持っていました。本の内容にかかわらず、中には元教祖である死刑囚の写真や、殺人を犯した人の写真などがたくさん掲載されているのですから、仕方ないです。そのまま4～5日置いていたら、体調に影響し始めたので返却に行きました。

よくない波動と言えば、京都の壬生寺《みぶでら》の〝幕末の波動〟もそうでした(現在の壬生寺のことを言っているのではありません)。

境内に入った時は現代の壬生寺を見て、仏様の波動をいただいていますから、普通のお寺です。特別、何がどうということはありません。

しかし、ここで「新撰組の人たちが訓練していた場所だな～」とか、「有名なあの隊士もいたんだろうな～」などと、自分が今立っている場所の〝幕末〟に思いを馳せる（集中する）と、その当時の波動と同調してしまいます。

もう少し詳しく言いますと、幕末の新撰組がワイワイと談笑しているそこに、透明人間として行く、そばに行って顔を出す、すぐ近くで見る、そのような距離感で思いを馳せると同調する可能性が非常に高いのです。

私が訪れたのは夕方だったので、当時の同じ時間帯と同調してしまい、余計低い波動になったように思います。その低い波動は、強烈な〝殺人〟の波動でした。

殺人の波動は驚くほど低いです。新撰組はその殺人の波動が幾重にも重なって巨大なものとなっており、それで当時の境内の空間が歪んでいました。

同調すると同時に周囲が本当に歪んで見え始め、歪んだ空間に体が耐え切れず倒れそうになったので、これはまずいと思い、急いでお寺を出ました。

新撰組は市中で人を斬っていただけでなく、組織内での血の粛清もあって、たくさんの人を殺しています。殺人を犯した人が大勢そこに集まっていたわけで、一つの殺人だけでもとても低いのに、多くの殺人波動が積み重なって強められていました。

これから壬生寺へ行かれる方は境内で幕末を想像すると、当時と同調する可能性があるので、注意されたほうがいいです。同調するかしないか、そしてその程度も人によって違いますが、本当に強烈に低い波動なのでお気をつけ下さい。

心霊スポットにむやみに近づかない

久しぶりに息子と話をしていたら、あっけらかんとこんなことを言いました。

「こないだ、友だちと心霊スポットに行ったよ」

なんでそんなところに行くの！　と叱りそうになりましたが、とりあえず話を聞きました。

息子によると、そこは有名な心霊スポットで、山奥にあるトンネルだそうです。友人の車から降りたら、なんだかゾクゾクする感じで「ヤバい！」と思ったと言います。

一緒に行った友人たちには見えていなかったそうですが、すぐそばに金網があり、そこに若い女性の幽霊がいたそうです。女性は金網につかまってこちらをじーっと見ていた、その顔が怖かったと言うのです。

友人たちはトンネルの方に行ったが、そっちの方向には霊がウヨウヨいるような気がして、息子は気味が悪くて行けなかったと言っていました。

変な霊はつけていないようだったのでホッとしましたが、「心霊スポットは興味本位で行くところじゃないのよ！」と、強く叱りました。

面白半分に心霊スポットに行ってはいけません。どんな霊がいるかわからないからです。タチの悪い悪霊に比べたら、ただの幽霊なんてまだマシです。世の中には本当に怖い霊がいるからです。

その悪霊や幽霊が憑いてくるかもしれず……面白半分で行くにはリスクが大き過ぎます。すぐに離れてくれる霊や、除霊で離れるような霊なら、憑かれたとしてもまだいいほうです。中には、普通の僧侶や霊能者では祓《はら》えないような強力なものもいます。

そういうものに憑かれたら、体調が悪くなりますし、日に日に精気がなくなっていき、どんどん痩せて、病気になる人がいます。不幸続きで不運な人生になる人もいますし、徐々に精神をやられてしまって、病院に入れられるほど悪化する人もいます。

祓える人がいなければ、そしてその霊が離れてくれなければ、一生そのままです。霊を甘く見てはいけないのです。

一般的な幽霊とは種類が違う、タチの悪～い、悪意に満ちた悪霊が心霊スポットにはたくさんいます。このような恐ろしい霊に憑かれるから、という理由もありますが、心霊スポットが良くないのは、幽霊などの低級霊の波動に自分の波動が近づいてしまうから、ということもあります。

心霊スポットはその土地自体が低い波動になっています。そこへ行ってしばらくいれば、その波動と同化します。そんなことを繰り返していると自分の波動が低くなってしまい、低級霊と波長が合いやすくなって、しょっちゅう霊を見てしまうようになります。

しかも、自分は霊が見えるんだ、とそれを特別のように思うと、ますます波動が合いやすくなるのです。

なぜそれが良くないのかというと、幽霊専門の霊能力になってしまう可能性があるからです。幽霊専門の低い波動になってしまったら、高い波動の神仏がわからなくなります。幽霊にも憑かれやすくなります。

息子には、「幽霊は見えても見るな、聞こえても聞くな」と教えました。

一時期、私の自宅で丑三つ時になると、外からゴーン、ゴーンと除夜の鐘のような音がしていました。あれ？　近所にお寺なんかあったっけ？　と考えて、ゾーッとしました。近所どころか、広い範囲でお寺なんか一つもないのです。私は聞こえないフリをして、やり過ごしました。鐘は何日か続けて鳴っていましたが、そのうち鳴らなくなりました。

こういう場合、「聞こえる」という反応をすると、向こうに「こいつには聞こえているんだな」とわかってしまいます。聞こえる人間である、霊感がある人間だと知られると、そばに来たり、憑いたりするので危ないのです。

熊野本宮の神様が言っていましたが、幽霊がいると思ったら、見てはいけないそうです。うっかり見てしまうと、〝幽霊を見ているその目〟は、幽霊の方からもハッキリ見えるそうです。タチが悪ければ、その瞬間に憑かれます。

霊が見えるからといって、幽霊にアンテナを合わせてはいけません。波動が低くなったら、神仏からのさりげないメッセージや助けが届かなくなります。受け取る能力が低下するからです。霊能者でない限り、霊感のアンテナは常に神仏に合わせたほうがいいです。私には霊感がないから、と思っている人がいるかもしれませんが、誰にでも霊感はありますので、アンテナのはり方には気をつけたほうがいいと思います。

過去世のヒント

元夫が忠臣蔵を好きだと知ったのは、結婚してかなりたってからでした。「昔、日本テレビ系で放映された忠臣蔵は名作だったよね〜」と言うと、元夫はこのドラマを知らないと言うので（キャストは大石内蔵助が里見浩太朗さん、吉良上野介が森繁久彌さん、浅野内匠頭が風間杜夫さんです）、早速、ＤＶＤを借りてきて2人で見ました（十数年前の話です）。

このドラマは感動する場面が数多くあるのですが、私が泣けたのは、四十七士の処分について荻《お》生徂徠《ぎゅうそらい》と林大学頭《はやしだいがくのかみ》が話し合う場面です。

四十七士は忠義の士である、それを切腹させてしまったら、今後どうやって忠誠心を説くのかと林大学頭が言います。荻生徂徠は、いたずらに生き長らえさせれば忠義の士の名を汚す者も出てくる、花は散ってこそ花であり、彼らを世間の泥に汚させたくないと言います。そこで林大学頭が「そうは思わん、思いとうはない」と言って泣くのです（記憶違いがあったらすみません）。

忠臣蔵にそんなに興味がない私でも感動するシーンですが、元夫は声を出して激しく泣いていました。なんでそこまで？　というくらいでしたが、元夫は多分、過去世でこの事件に関係した人物だったのだと思います。

四十七士の一人かもしれないし、四十七士ではないにしても、その家族とか、討ち入りを陰で支援した人とか、討ち入り不参加組で早々に浪人になった元赤穂藩士だったとか、そのへんかもしれません。

元夫の誕生日は松の廊下事件の日、すなわち、浅野内匠頭の命日です。私と一緒になった時に内輪で食事会をしたのですが、人生の晴れ舞台に当たるその日は、討ち入りの日でした。そして忠臣蔵が大好きなのです。

元夫と赤穂へ行った時のことです。私はその前に一度行ったことがあるので、その日は元夫に「赤穂に行きたいねん」と言われて付き合ってあげた、という感じでした。

まず歴史博物館に行きました。「赤穂大好き」の元夫が資料の少なさにガッカリすると可哀想なので、赤穂浪士関係の資料は少ないよ、とあらかじめ教えておきました。

元夫は塩田《えんでん》の展示物を見て、２階の赤穂浪士コーナーへ行きます。私は前回来た時にしっかり見ているため、適当にブラブラしていました。

ふと気づくと元夫はガラスに頭を押し付けるようにして、何かを必死で見ています。そんなに興味を引くような物があったかなぁ、と思いつつ、私はお城の模型のところにいました。元夫はその状態のままで、さらに5分ほどそこにいました。

さすがに気になって、そばへ行くと……なんと元夫は泣いているのです。えっ？　何を見て泣いてるん⁉　と展示物を見ましたが、涙を誘うような物はありません。

すると元夫が「これ、泣けるなぁ」と一枚の書状を指さしました。どれどれ？　と見ると、それは〝切腹申渡しの書状〟でした。何故、こんなものでそこまで泣けるのか不思議です。でも、さすがにそれは口に出せませんでした。

「たしかに可哀想だよね～」

と言うと、元夫は、

「は？　可哀想？　なんでやねん、これ、めちゃくちゃ嬉しかった思うで」

と言うのです。へ？　嬉しい？　と頭の中がハテナマークだらけになり、元夫の考えを聞きました。

切腹申渡しの書状には、松の廊下事件のこと、その処罰が不平等だったこと、それで家臣は仇討をやったこと、しかし公儀を恐れぬその行為は不届であり、ゆえに切腹、と書かれていました。

この書状は浪士がやった討ち入りを「こういう正当な理由があった、大義名分があった」と幕府が証明してくれたことになる、と元夫は言うのです。

はぁ……なるほど……。

幕府が、先の処罰は不平等であったと非を認め、しかもこの者たちは主君の仇を討った忠義の士である、とこの書状が認めてくれた、というわけです。

つまり切腹はこのような理由からで、死にゆく者はつまらない理由で殺人を犯して処罰されるわけではなく、悪いことをして殺されるわけでもない、犬死にではない、そのことを書状に書かれることによって未来永劫証明される、と言います。

「これを読みあげられた時の浪士は、報われた！　と思ったやろな〜。心の底から〝我が人生に悔いなし！〟と、晴れ晴れとした気持ちで切腹したんちゃうかな」

とあふれて止まらない涙を拭きながら解説してくれました。やっぱりこの人は赤穂浪士と何らかの関係があった人だったんだな、と思いました。

その心情に思い当たること自体、普通ではなく、仮にそうだったのだろうと想像が出来たところで、これほどまでに泣いて感激する人は少ないと思うのです。

歴史のその場にいたのだろう、と思います。元夫は、しばらくの間、ハンカチを握ったままで、その資料を見ては涙を拭いていました。

歴史博物館を出て「次は赤穂城跡に行くやろ?」と聞くと、「うーん、俺的にはさっきの資料で満足したから、もうええけどな」などと言う彼を、いや、それではるばる赤穂まで来た意味がない、それは許さん、と無理やり本丸跡に連れて行きました。

ここでも「へぇ～」と思ったのは、本当にお城にはまったく興味がないようで、さらっと写真だけを撮っていました。

実は、赤穂城跡には(武家屋敷跡も含みます)、見事に浅野内匠頭の家臣はいないのです。念も残っていません。浅野家が改易《かいえき》となり、違う殿様が赤穂城に入ると、そこはもう「他家の殿様のものである」と踏ん切りがつくみたいです。殿様が違うのですから、自分たちのいる場所ではない、となり、スッパリ捨てるのですね。

赤穂藩士は生きている間に、自分たちの殿様が赤穂藩主ではなくなった、赤穂は自分たちとは関係のない城・土地になった、としっかり心に刻んでいるので、死んだあともブレないのです。

かつて我が殿の城だった赤穂城が懐かしいなどと、たとえ死んだあとでも、のこのこ行ったりしません。改易だったので、我が殿様に恥をかかせないよう、お城明け渡しは毅然とすべし、見苦しいマネはするまい、と家臣一同で強く誓ったのかもしれません。武士の潔さ、武士の心意気、忠誠心を教えてもらったような気がしました。

このように好きだとか興味がある「事件」「時代」に関しては、自分がそこにいた可能性がありますす。ちなみに私は忠臣蔵の時代は日本に生まれていなかったので、興味はありません。

私がまだ過去世を思い出せない時に強烈に惹かれていたのは、平安時代の宮廷文化でした。枕草子の、縁側に大きな青い瓶を置いてそこに満開の桜の枝を差していた、という部分を読んだ時に、胸がきゅーんとして、「それ知ってる！」と思いました。

牛車《ぎっしゃ》だの寝殿造りだの十二単や狩衣《かりぎぬ》、和歌を枝に付けるとか、すべてにワクワクしていました。大人になったら絶対に几帳《きちょう》（布を張った衝立です）を買おう、と思っていたくらいです。のちに平安時代の前世を思い出し、ああ、やっぱりその時代にいたんだ、と納得しました。

飛行機が大好きなのもそうです。上空にいる時間は退屈だと多くの人が言いますが、私はそれが好きで長いフライトもそんなに苦ではありません。離陸・着陸時はそれはもう、ウキウキします。

ただ、飛行機に乗る通路を歩く時に、頭に〝死出の旅〟といつも浮かんでいました。この通路を歩いて、飛行機に乗ってしまったら、帰る通路はない、と何故か必ず考えてしまい、飛行機が墜落するのでは？　と思ったりしていました。特攻隊の前世を思い出して、これもやっと「なるほど」と納得がいきました。

特攻隊と言えば、まだ何も思い出していない時に、テレビで戦争の特集を見て泣いたことがあります。最初の夫の実家にいた時です。

敵艦に向かって特攻機が突っ込んでいくのですが、砲撃されて海に墜落するものが多く、それでも何機かは敵艦に命中していました。

まだ前世を思い出していない時ですから、何の感情もなく見ているのに、涙がポロポロ流れて止まりません。悲しいわけではないのです。それなのに、涙があとからあとから流れて止まらず、自分でも訳がわかりませんでした。最初の夫の父親がそれを見て、慌ててチャンネルを変えたのを覚えています。

脳は全く反応していないのに、魂はちゃんと覚えていて、自然と反応するのですね。

エストニアという国に行った時も不思議体験をしました。タリンという世界遺産になっている歴史地区での出来事です。

そこには教会がいくつかあったのですが、行った日は何故かどの教会もすべて閉まっていました。町を歩き回っていると、一つだけ、開いている教会がありました。教会が好きなので「やった〜」

と喜んで入りました。入って、祭壇の正面に立った時に、ものすごい恐怖を覚えました。祭壇中央に扉があって、「あの戸が開いて出てきたらどうしよう！」と強く思うのです。「誰が出てくるのか？　何が怖いのか？」と理性で考えますが、体が勝手に反応して、足がブルブル震えます。怖くて怖くて、足の震えが止まりません。

「大丈夫、生まれ変わって別人になっているから」と自分に言い聞かせても駄目でした。恐怖で心臓もドキドキして汗も出てくるし、仕方なく教会を出ました。

出口を一歩出た瞬間に足のガクガクした震えがピタッと止まりました。何だったんだろう？　と思いましたが、深く考えずに観光を続けました。

夕方になって、フィンランドに戻るフェリーに乗る時のことです。待合ロビーは人でごった返していて、並んでいてもなかなか前に進みません。すると急に、「出国出来ないかもしれない！」という恐怖と緊張が襲ってきました。「見つかるかも！　どうしよう、見つかりませんように！」などと考えているのです。

なんだこの感情は、と冷静な私は思うのですが、魂が勝手に反応して、緊張で汗びっしょりになり、今度は手がブルブルと震えます。

やっと列が進み始めましたが、私のところでストップがかかりました。一度にたくさんは乗れないので、止めただけです。

それなのに私は、「やっぱり見つかった！　もう駄目だぁー！」とパニックになって、心臓がバクバクし、手だけでなく足も震え、恐怖のあまり卒倒しそうになりました。そこで係員が「ＯＫ」と行かせてくれたので、なんとか平静を装ってヨロヨロと歩きました。

自分は〝政治犯〟だったということはわかるのですが、どの時代の誰なのか、他は一切思い出せません。記憶に鍵をかけているようです。しかし、魂は反応してしまうのです。面白いです。

戦国時代に興味があれば、その時代にいたのだろうし、中世の舞踏会にワクワクするのなら、そこにいたのだと思います。

映画の西部劇に興味がある、グラディエーターのようなローマ時代が好き等、惹きつけられるものには理由があります。アンティーク家具が好きとか、そういう〝モノ〟に対する思いも、過去世の関係です。

それらの感情を注意深く観察すると、過去世がおぼろげながら見えてきますので、一度じっくり分析してみてはいかがでしょうか。何かを思い出すきっかけになるかもしれません。

第5章　幽霊はあなたの隣にいる

霊はすぐそこにいる

私は、幽霊の類いとは波長を合わせない、と自分で決めています。そう決めてから徐々に見なくなり、煩わしい思いをすることはなくなりましたが、それでも油断していると時々ふっと見てしまいます。

これは元夫と結婚をしている時に住んでいたマンションでのお話です。

その日はとてもお天気の良い土曜日でした。たしか3月の上旬だったと思います。当時、私と元夫は12階に住んでいました。

私が一人で12階からエレベーターで降りていると、7階でドアが開き、40歳くらいのダウンジャケットを着た男の人が乗ってきました。そして、その後ろから、幼稚園年長さんくらい（5～6歳）の女の子も乗ってきました。

私はエレベーターの右後方の隅に立っていました。男性は左前方に立ち、女の子は男性と私の間に立ちました。私は女の子を見て、「卒園式だったのかな？」と思いました。ブラウスとスカートに、薄手の花柄の上着を着ていたからです。「お天気がいいからお父さんとお出かけをするんだな～」と微笑ましく思いました。

その後は、頭上の階数を示すランプを見ていました。エレベーターはどの階にも止まらず、そのまま1階に着きました。

「1」にランプがつき、ドアが開く前にふと見ると、女の子の姿がありません。エレベーター内には男性と私だけです。ドアが開いて、男性はサッサと降りて歩いて行きます。私はひと呼吸おいて、女の子が出たであろう頃に、ゆっくりとエレベーターを出ました。

そういえば……女の子はオカッパのレトロな髪型をしていました。男性はダウンジャケットだというのに、女の子の薄着には違和感もありました。

その出来事を体験してから気をつけて観察をしていると、エレベーターは時々、誰もいない7階でドアが開きます。エレベーターは3基ありましたが、あの日、女の子が乗ってきた1号機だけにその現象が起こるのです。

降りている時に7階で開くのは、誰かが3基ともボタンを押しておいて、最初に来たエレベーターに乗った、と考えられます。しかし、上がっている時に7階でドアが開くこともあって、「ああ、やっぱり」と思いました。

女の子は死んだことに気づいていなくて、エレベーターに乗って出かけたり、上の階のお友達の家に行っているのでしょう。

元夫に聞いてみると、「7階？　あっこ、よー止まるやろー、俺、前から思うててん。イタズラする子がおるんちゃう?」とのことでした。私にだけ起こるのではなく、普通に霊現象として起こっていたみたいです。

死んだ直後は、死んだことに気づかない人がいます。数年前に、会社の同期の女性が亡くなりました。一ヶ月ほど入院していて、もうすぐ退院するという話だったのですが、容体が急変して亡くなったのです。

初七日のことです。彼女が私の夢に現れました。

病室のベッドにいる彼女はニコニコして「来週の月曜日に退院するの」と言います。

「え? そうなん? じゃあ、あのお葬式は間違いやったん?」

と聞くと、

「そうよ、私元気やもん、もうすぐ退院するし〜」

と言って、元気にベッドの周囲をぐるぐる歩いてみせます。

「間違いだったのかぁ、じゃあ、明日支店長に言っとくわ〜」

「うん、そうして〜」

という会話で終わりました。目覚めてから、彼女は死んだことに気づいていないな、と思いました。

私は事務所勤務で、彼女は売り場勤務でした。その会社は週に一回、業務の都合で売り場から何名か事務所にお手伝いに来てもらう日がありました。彼女はそのお手伝いをしてくれるメンバーの一人でした。亡くなって一ヶ月後のことです。私が仕事をしていると、思いっきり背中をゲンコツで、ドンッ！　と殴られました。

痛っ！　と振り返りましたが、誰もいません。というか、私は壁を背にして座っていたので、後ろを人は通れないのです。

お手伝いの人が来る日だったので、彼女だとすぐにわかりました。彼女は出勤してきて、私に一生懸命話しかけていたのだと思います。でも私が気づかないので、無視された、と腹が立ったのでしょう。

神経を集中して、もう死んでいることと、気づいて成仏しなければいけないことなどを説明しました。説明し終わると、気配が消えました。その後、まったく何の霊現象もないので、ちゃんと死んだことに気づき、成仏したのだと思います。

亡くなったあとでも、自分の体を見ると生きていた時と同じ肉体に見えるため、死んだことに気づかない人が多いのです。半透明の体とかにしてくれれば自覚しやすいのに、といつも思います。

亡くなった親友

数年前、親友がガンで亡くなりました。

亡くなる前年に乳ガンの手術をし、一旦回復しました。その後の経過も大変良く、再発はしていないということで、親友は普通にパートの仕事をし、旅行をしたり飲みに行ったり、以前のように元気に過ごしていました。

亡くなる一ヶ月半くらい前から、時々頭が痛いと言うようになりました。時折猛烈に痛くなるということもチラッと言っていました。

検診時に医師に聞いてみたところ、「大丈夫でしょう」という返事だったらしいのですが、「でも、痛いねん……」と親友は不安そうにしていました。

それからも彼女はパート勤めを休むことなく、市販薬で痛みを誤魔化しながら生活していました。

亡くなる半月前には、いつも15分ですむ外出の支度が30分以上、時には1時間くらいかかったり、仕事も15分ですむ事務処理が1時間近くかかったりと、明らかに何かがおかしいと言っていました。

周囲の誰もが、病院で検査してもらうべきだ、と強く勧めたのですが、本人は怖かったのか、「次の診察の時でいい」とかたくなに病院行きを拒否していました。この頃から体がダルくて外に出られない、買い物にも行けないという日が多くなりました。

亡くなる前の週の火曜日、親友は普通に、午前中勤務の仕事に行きました。そして帰宅するなり横になって、「起き上がれない」とその日はそのまま、寝て過ごしたそうです。

翌日の水曜日、朝から体をまったく起こせない状態となったため、慌ててご主人が病院に連れて行きました。検査の結果、ガンが頭の中に転移していて、それももう手のほどこしようがないほど数が多く、サイズも大きいとのことでした。

その場で入院となり、詳しい検査をするために、一週間後に大学病院への転院が決まりました。

水曜日に入院をして、木曜・金曜・土曜は、たまに曜日を間違えたりするものの、まだ元気でした。土曜日は外出許可をもらって、家族水入らずで外食をしたそうですが、病院に戻ると、急に容体が悪くなりました。

日曜日に意識不明となり、月曜日には自発呼吸が出来なくなったので、人工呼吸器を取り付けました。

様子がおかしいと病院に駆け込んだのが水曜日で、そのわずか８日後の木曜日、未明に彼女は息を引き取りました。

ここでちょっと時間を戻して、詳しい話をします。月曜日の夜に危篤の連絡をもらって、私が病院に駆け付けたのは火曜日でした。

病室で人工呼吸器を付けている親友の顔を見た瞬間、魂はすでに肉体から出ていることがわかりました。手を握ると、体温は40度以上あり、もう長くもたないことは誰の目にも明らかでした。ご主人が気を使ってくれて席をはずし、2人きりにしてくれました。

私は親友の手を握ったままで、心安らかにと顔を撫で、いろんな思い出話をし、ありがとうを言い、わんわん号泣しました。その後、戻って来たご主人と少し話をして、私は病室をあとにしました。

病院のエントランスを出てすぐでした。体が急にズシンと重たくなったのです。子供でも背負っているかのように重たくてダルく、気分も悪くなったので、ああ、魂になった親友が憑いたんだな、とわかりました。

親友の声は聞こえませんでしたが、とりあえず私は、今の彼女の状況を説明してあげました。というのは、親友は無宗教だったからです。

死後の世界なんてない、死んだら人間は〝無〟になる、と彼女が生前に言っていたのを思い出し、今の状態が理解出来ないのだとわかりました。一生懸命に説明するのですが、体はどんどん重たくなっていきます。

歩くのがやっとという感じでフラフラになり、とてもじゃないけど駅までたどり着けないと思った私は、近くのカフェに入りました。椅子に座ると、そのまま横になりたいくらいの体調の悪さです。

心をこめて必死で説得しますが、彼女は理解できないようです。どうやらパニックになっているみたいでした。親友はものすごい怖がりだったので、たぶん自分のその状況がとても怖かったのだと思います。

自分は普通にここにいるのに、病院にはもう一つ肉体がある、この状態はどうなっているのか、肉体から離れた自分はどうすればいいのか、話しかけても誰も答えてくれない……すべてが理解出来ずに恐怖でパニックになっていたのでしょう。

パニックになった親友は、たぶん私に抱きついていたのだと思います。うわーっ！　と強烈に取り乱しているので、負のパワーが全開です。

私の体は椅子から崩れ落ちそうになり、視界が狭くなっていくのを感じました。これは本格的にヤバい、意識を失いそうだ、と思った私は、仕方がないので自分を守護してくれている神仏に頼りました。するとすぅ〜っと楽になり、やっと動ける状態になりました。

親友はその２日後に亡くなったのですが、お通夜もお葬式も私に近寄ってきませんでした。神仏のどなたがどうやって彼女を引き離したのかわかりませんが、それがお不動さんだったら、彼女には鬼のように見えたはずです。私のそばに行くと鬼が出てきて怒るから、近づかないでおこう、と思ったのかもしれませんし、もしかしたら、まだ神仏の守りが続いていたのかもしれません。

とにかく私は一切の気配を感じませんでした。彼女はパニックから脱出出来たのか、ちゃんと死後の世界を理解したのか、無事に成仏出来るのかと、私は毎日それが心配で気になっていました。

亡くなって4ヶ月が過ぎた頃、やっと親友が夢に現れてくれました。生前と同じようにニコニコして、「今日、私午後の勤務やねん。仕事帰りにご飯食べに行かへん？」と誘ってきます。

「うん。いいよ、ダンナにメールしとく～」

と、私は答えるのですが、あれ？　と思います。

「ちょっと待って。何か……どこか……おかしいんだけど」

と考えている間も、親友はニコニコ笑っています。

「あっ！　わかった！　A子、あんた、こないだ死んだんじゃん！」

「あ、やっぱ気づいた？」

と親友は嬉しそうです。

「うっかり騙されるとこやったわ～」

と笑いながら言うと、

「ふふふ、残念やわ～、また今度、食事しよな」

と言います。そして、親友は明るく弾けるようなキラキラした笑顔で、

「じゃあね、識子。ありがとう、バイバイ」

と手を振りながらフェイドアウトしていきました。そこでハッと目が覚めると、あたりは日の出前の神聖で清浄な空気に包まれていました。ああ、ちゃんと成仏したんだな～、とホッとしました。

このように、死んだら〝無〟になると考えている人は、死後、パニックになる可能性があります。親友は道がわかって無事に成仏出来たから良かったのですが、パニック状態のまま何年も過ごす人もいると思われます。

ですので、大切な人がこの考えだったら「もしかしたら死後の世界はあるかもよ？」と生前にお話しておくことをお勧め致します。

第6章　やっかいな霊たち

得体の知れない存在

ずいぶん前に、「貧乏神と疫病神は本当にいるのでしょうか?」という質問をいただいたことがあります。私はまだどちらも見たことがないし、実際にいた、という話を聞いたことがありません。ですので、何とも言えないのですが、昔から〝いる〟と語り継がれてきたものは存在しているように思います。

「餓鬼」にしてもそうです。私は見たことがありません。しかし、千日回峰行者の方が、餓鬼から石を投げられたと書いていて、「やっぱり本当にいるんだ〜」と思いました。

石を投げるという行為が興味深いです。ピューッとやってきて取り憑いて殺す、とかそういう存在ではないのですね。

「座敷わらし」も見たことはないのですが、いるのだろうと思います。この手の妖怪(?)は幽霊と違って数がとても少なそうなので、遭遇するチャンスが少ないのかもしれません。

私は一回だけ、「あれは何だったんだろう?」と不思議に思う存在を見たことがあります。元夫と離婚して、引っ越しをする時のことでした。

引っ越しは2日に分けてしたのですが、2日目の最後は2人で掃除などのあと片付けをしました。ゴミ捨てをしてすべてが終わり、元夫が最終チェックをしに部屋に戻ったのですが、私は疲れていたので外で待っていました。

時間は23時を過ぎていたと思います。あたりはシーンと静かで人っ子一人いません。住んでいたマンションの向かいは中学校でした。

私は、「ふ～、疲れた」と夜空を見上げ、そこで腰を抜かしそうになりました。中学校の校庭の上空に、でっかい男の人の顔が浮かんでいたのです。本当に顔だけがポッカリ浮いていました。大きさは一戸建ての家よりもちょっと大きめです。波動からして、神様や仏様といった高級霊ではありません。でも、幽霊でもないのです。なんというか、普通に自然にそこにいるもの、という感じでした。

ポッカリ浮いて正面をぼーっと見ていた顔は、「！」という感じで私に気づき、こちらをジロリと見ました。目が合いましたが、興味ないわ～といった雰囲気で、また正面を向いていました。

幽霊・悪霊の類いではないので、危害を加えてくるとかそういう存在ではありません。すぐに消えるのかと思っていたら、これがなかなか消えず、結局私たちがそこを去るまで、ポッカリ浮いていました。

話しかけたら答えたのかもしれませんが、何かあった場合、祝詞《のりと》や真言《しんごん》・お経が効く相手ではない、と直感でわかったのでやめておきました。元夫に見えるかどうか聞いてみると、まったく何も見えないという返事でした。

今でも、あれが何だったのかわかりません。妖怪よりも、もっと高等な気がします。見かけは良くないけれど、意外と妖精の類いだったりして……と、その可能性も無きにしも非ずだと考えています。出来るならもう一回、会ってみたいです。

世の中には人間に見えないだけで、得体の知れない存在が実はたくさんいるのかもしれない、と思った出来事でした。

認知症と人の悪想念

私が勤務する施設にAさんという女性がいます。認知症は軽度ではないけれど、さほど重度でもないという方です。ほぼ普通に会話が出来る症状が軽い時と、理解する能力が低く話が通じない時があります。

Aさんはかなり太っていて、弱った足腰に負担がかかるせいか、立てないし歩けません。ですが、ハイハイで這うことは出来ます。部屋から出る時は車椅子を利用していますが、居室では常に四ん這いになって移動しています。

Aさんは深夜でも起きていることが多く、夜中に見回りに行くと、カーペットの上に足をくずして座っていて、両手を前についた姿勢でいます。その状態で、空中を見てボーッとしているか、カーペットの毛を一生懸命にむしっています。

四つん這いで移動する姿や、深夜の姿勢を見て、最初は「動物霊が憑いているのかな」と思いました。低級なキツネか何かが憑依していると思ったのです。

しかし、すぐに違うことに気づきました。介助でAさんの体に触れたり、話をしたり、深夜にAさんの部屋に入ったりすることでハッキリとわかったのです。動物霊の気配はまったくしません。というか、普段は憑依されている感じはありません。

Aさん自身に、長年くっついている〝霊〟は、いないのです。なので、四つん這いで移動しなければいけない体の状態、座って前傾姿勢になり両手を前につく姿をしょっちゅうしているのも、たまたまだろうと思っていました。

そんなある日、唐突にAさんの過去がパーッと目の前に広がりました。Aさんの部屋でトイレ介助から口腔ケアのお手伝いをしていた時のことです。

Aさんは人に土下座をされ、何かをお願いをされています。Aさんはそれを不機嫌そうに、冷たく突っぱねています。しつこいわね！　もう帰ってちょうだいっ！　という気持ちになっています。なにかの商売をしているようです。

次々と入れ替わり立ち替わり人がやってきては、お願いします、お願いします、と土下座をしています。ですが、Aさんは聞く耳を持ちません。

Aさんがあからさまに冷酷にあしらうので、断られた人は「このクソババア！」とか「ババア死ね！」と心の中で毒づいて帰っていきます。そういったネガティブな、波動の低い念が、Aさんの上にどんどんたまっていきます。

この念は生霊とまではいかない、小さなサイズの悪念です。小さいので数個くらいは……いや、もっとたまったところで、なんてことはないのですが、Aさんの上にはそれが山のように積み重なっています。

少ない数なら全然影響がないのに、何百何千と集まると、共鳴して良くない波動が大きくなります。そんなにたくさんの低い波動の念を集めてしまったら、病気になるのもわかる、という数です。

それらの「悔しい！」「憎い！」という念の作用か、人が必死の思いでしている土下座を馬鹿にしていたせいか、今度は自分が床を這いつくばるようになっていたのでした。

その数日後、主任からAさんのケアプランの説明を受ける時に、基本情報も聞かされました。基本情報というのは、入居者さんがどのような人生を歩まれてきたのか、というプロフィールみたいなものです。

Aさんは、まさに人に頭を下げてお願いされることが多い商売を（個人が特定される可能性があるので書けませんが、現金が関係する商売です）、女手一つでやってきていたのでした。やっぱりそうだったか……と思いました。

Aさんはその商売を頑張ってたくさん儲け、息子を育ててきたのです。ですが、悲しいことにその息子さんも若年性認知症になっていて、他の施設に入所されていました。人が投げつけてくる悪念は、たくさん集めてしまったら怖いのです。

人に「くそー、あいつめー！」と一回思われるくらいでは何ともなくても、繰り返し繰り返し、何年にもわたってそういう念を山のように集めてしまうと、病気になることもあるのです。

憑依してくる霊も、人の悪念も、低い波動という意味では同じです。これらの低い波動に身をさらさないことが大事だと、改めて思いました。

低い波動

低い波動に身をさらし続けると、心身ともに調子を崩したり、病気になってしまいます。では、そういう低い波動を避けるにはどうすればいいのか……と言いますと、低い波動とは何か、を考えると答えが見えてきます。それを避ければいいのです。

まずは、幽霊などの霊関係です。これは見えるからといって、面白がって幽霊を見ていると、低級霊の波長に近づいていきます。すると、ますます見えるようになります。

こうなると低い波動に自分から積極的に合わせることとなり、そのうち常時低い波動になってしまいます。常時低い波動になると、高級霊の神仏とつながることが難しくなりますから、憑依されやすくなりますし、憑依されてしまうと波動はますます低くなります。

次は、人が飛ばす悪念です。

「悔しい」とか「死ね」など、そういう良くない念です。それを自分に向かって投げられないように、自分の上にためないようにします。職場で対立をしていたら、毎日そういう念を飛ばされるわけで、良くないです。

「だって私は何もしていないのに相手が意地悪してくるんだもの」という場合も、自分に非がなくても念は飛んでくるわけですから、何か対策を考えた方がいいと思います。

妬みも怖いです。自慢話は一瞬、いい気持ちになるかもしれませんが、悪念をもらうことになるので、やめておいたほうがいいです。

加えて言えば、自慢と取られるおそれがある話も避けることがお勧めです。私は以前、何も考えずに元夫が若い話をしていましたが、ある時同僚に「それって、自慢?」とイヤ〜な顔で言われて以来、元夫が若いことは口にしないようにしています。

人に飛ばされる念も怖いのですが、逆に、自分がそのような念を持っても、波動は低くなります。「あいつ、何かで失敗したらいいのに」「それで左遷されればいいのに」などと四六時中考えていると、低い波動を発してしまいます。

「悔しい」とか「死ね」という強い念を持ってしまうと、その念を人に飛ばすことになり、そういう行為を無意識でもしてしまえば、波動は下がります。

土地の因縁も危ないです。昔の処刑場だった場所とか、墓地だった、古戦場だったなど、因縁のある土地に住んでいると、その土地の低い波動に波長が合ってしまい、自分も低くなります。

こういった低い波動を極力避ける努力をして、高い波動に自分を合わせるようにします。

高い波動

高い波動に波長を合わせると、自分自身の波動も高くなっていきます。自分の内側から波動を上げるには、「心から感動する」ことがお勧めです。

たとえば、エメラルドグリーンの海を見たり、満天の星空を見て、「うわー、きれい！」と感動する、人や動物の心の美しさ・優しさにふれて感動する、努力が実り夢が叶って感動する、などです。

映画を見て感動するのもいいです。感動して涙を流すとスッキリするのは、涙と一緒にストレス物質が流れ出るというのもあるでしょうが、感動により波動が上がって、体についていた悪いものが落ちるためでもあります。

さらに、感謝をすることでも波動は上がります。

感謝をするという行為のすごいところは、自分の波動だけでなく、相手の波動をも上げるところです。感謝される側もなんとなく心地いいのはそのせいです。「ありがとう」という言葉には、そういう力があります。波動の高い言葉なので、たくさん言うといいと思います。

次に、体の外側から波動を上げる方法としては、修行があります。そうは言っても、一般の人は座禅や滝行や読経をする機会はあまりないと思います。もし修行をやりたいのであれば、自宅のお風呂で、水を頭から奇数回かぶる簡易禊《みそぎ》でも、十分効果があります。

天然で源泉かけ流しの、加温していない温泉も波動が高いです。地球のエネルギーを熱に変換してお湯にしていますので、パワーがあります。

力の強い神様がいる近辺の温泉は、より波動が高いです。温泉治療でケガや病気が良くなるのは、高い波動に体が反応するからです。温泉と同じ成分の入浴剤を入れても、天然温泉と全然違うのはそのせいです。温泉はつかるだけで、高い波動に体をなじませることが出来ます。

これらのものとケタ違いに波動が高いのは、神社仏閣です。

神社は平野部にある神社より、山頂などにある神社の方が波動が高いです。平野部といっても、出雲大社や伊勢神宮などは別格で、こちらは山岳系と同じくらいの高さです。

神社に行ったら、高い波動になるべく長時間当たったほうがいいです。神様の高い波動で、自分が気づいていない憑きものが落ちることがあるからです。高い波動を長く浴びれば浴びるほど、自分の波動を上げることになるので、しばらくは境内でブラブラするのがお勧めです。さっさと帰るのはもったいないです。

お寺の場合は神社と違ってなるべく仏像のそばに、せめてお寺の本堂内に長くいるのがいいです。般若心経を唱えられる人は小声でもいいので、仏像のそばで唱えると、高い波動を受け取りやすくなります。

般若心経を唱えられない人は、真言でもいいです。自分の口から出す仏様の言葉で、仏様の波動と同調します。黙っているより効果があります。

以上のような方法で波動を上げていけば、低級霊に惑わされることは少なくなり、憑依されることもなくなります。

波動を高くする努力をしていると、自然と神仏に波長が合っていきます。すると、神仏とつながりやすくなりますから、神仏を感じられることも多くなります。守護霊からの守りもストレートに届くようになります。

これは特別な人だけがそうなるわけではありません。低い波動を避け、高い波動に合わせて生きる……たったこれだけで、誰でも神仏と近くなれるのです。

認知症と悪霊 I

認知症は脳の病気ですが、中には霊が関係している人もいます。霊が憑くと、運勢が悪くなる人、体調が悪くなって病気になる人、事故に遭う人、まれに亡くなったりすることもありますが、認知症になる人もいるのです。

男性の入居者さんに、かなり認知症が進んでいる方がいます。身体的には、排泄機能を自分で調整出来ないのでリハビリパンツをはいていますが、立ったり座ったり歩いたりすることは不自由なく出来ます。

この方はニコニコしてスタッフに話しかけている時に（重度の認知症のため、内容は意味不明です）、突然、顔つきが変化することがあります。一瞬でガラッと変わり、別人の顔になるのです。今まで笑顔だったのに、急に怒りだし、大声で怒鳴ったり、時には暴力をふるいます。

スタッフがなだめていると、今度はすう〜っと顔が無気力になり、魂が抜けたようになって、黙って空中を見つめじっとしています。話しかけても、こちらの言葉を理解していなくて、チラリと見るだけでそのままの状態です。明らかに何かが、交替で乗り移っています。

そうかと思うと、ある場所のカーテンを長い時間開けたり閉めたりしています。一旦部屋に戻っても、また5分後にその場所に行って、カーテンの開け閉めをする、これを延々と繰り返しています。

椅子に座って正面を向いたまま、長時間、微動だにせずじっとしていることもあり、それはそれでしんどそうです。

認知症だから、とスタッフには思われていますが、この方には霊が何体も憑いています。他の認知症の人も急に怒ったりすることはありますが、明らかに違うのです。

私の前職は福祉用具専門相談員というもので、在宅の介護サービスでした。その仕事では、精神科の入院病棟にも時々行っていました。そこに入院していた患者さんの何人かとまったく同じ変化の仕方なのです。

この方の部屋は一歩入ると空気が違います。うまく言えないのですが、入った瞬間に、異次元だとわかるのです。ベッドの斜め上の所に、黒いホールのようなものがあって、そこから暗黒の世界に通じているようです。そして、なんとも言えない悪臭がしています。

他の人の部屋と同じように掃除はされていてキレイだし、換気もしているし、本人もちゃんとお風呂に入っています。なのに、悪霊のニオイがするのです。

この方には何体もの霊に加え元が人間ではない悪霊が憑いています。それらを全部祓うのは、かなりの霊能力を持った霊能者でも無理かもしれず、強い神仏の力を借りないと出来そうもありません。

最初はその状況がわからなかったので、無防備に居室に入っていました。部屋に入ると、何かこう自分のオーラが歪むような、暗くて重苦しい「気」に押されるような感じがしていました。たぶん、居室が悪霊の次元とつながっているので、部屋自体の空間が歪んでいるのだと思います。

私は幽霊とは波長を合わせないので、どのような霊がいるのか見ることはしませんが、いるのはわかります。

この方はたまに、椅子に座ってじっとしている状態で（体をロックされているような感じです）、涙をポロポロこぼして泣いていることがあります。本人の感情が出ているんだろうなと思うと、切なくなります。何とかしてあげたいとは思うのですが、私は除霊も浄霊も出来ないし、憑いているのがとてつもなく強い霊団なので、素人では絶対に無理です。

暴力をふるう入居者さんだし、急に怒鳴り散らすし、話は通じないしで、スタッフからちょっと敬遠されているのですが、霊が離れている時は、ニコニコして話しかけてくるのですから、本人は話し好きのいい人なのです。

先日、意味不明の話を根気よく聞いて、終始笑顔で相槌を打っていたら、部屋に招待してくれました。リハビリパンツを交換するために（暴力行為があるので男性スタッフが担当しています）部屋に戻る際、「あんたも一緒に来なさい」と言い、自分が部屋に入った瞬間に「どうぞ、入って」と言ったのです。

ハッキリと普通にしゃべれたことが奇跡のようで、私も男性スタッフもものすごく驚きましたが、本人の機嫌が良かったことが、とても嬉しかったです。どこであんなにたくさんの霊を拾ってきたのか……とても気になります。

認知症と悪霊 Ⅱ

認知症で霊が憑いている男性の続きです。仮にDさん、としておきます。

Dさんの介助は男性スタッフが担当しているので、私はそれまで、Dさんの部屋に長時間いることはありませんでした。入ってもせいぜい2〜3分でした。

夜勤をしていたある日のことです。いつもは睡眠導入剤で朝までぐっすり眠るDさんですが、その日は何かの拍子に起きてしまい、部屋から出てきました。夜に徘徊する時は、他の方の部屋を開けることがあるので、寝つくまで私がそばについていることになったのです。

結果からいうと、Dさんの部屋に1時間近くいました（この頃の私は研修中で、余分な人数だったためゆっくり出来たのです）。

まず、落ち着いてもらうために、2人でベッドに腰をかけてお話をしました。Dさんは認知症のせいで、うまく会話が出来ません。時折、聞き取れる単語がいくつか出てきますが、意味不明の言葉が多く、会話が成立しないのです。

そんなDさんが一生懸命に何かをしゃべっていたので、私も一生懸命に聞きました。穏やかにしていても急に怒りだして暴力行為をしてしまうため、「靴を脱いでもらう」「ベッドに横になってもらう」ことは、時間をかけてしなければなりません。

Dさんの部屋にいると、ひっきりなしに寒気がきて全身がゾクゾクします。ぞわーっと体じゅうに霊気が走って鳥肌が立ち、震えるのです。顔の表面の皮膚が、別の物に変化していくような……額のあたりからサーッと氷のように冷たくなっていくことが、何度もありました。

うわぁ、ヤバイな〜、まずいなこれは、と思いつつ、私の狛犬を見ると、2匹はぴったり私に寄り添っています。吠えて威嚇する時は私との距離が30センチくらいあったのですが、この部屋では隙間なくぴったりとくっついて至近距離で私を守っています。

狛犬がよく見えるようになったのは室生寺《むろうじ》に行ってからなので、この部屋ではこうやって守ってくれていたのかと思いました。吠えたりもしません。強さのレベルがまったく違うようです。

夜中に巡回をしていると、Dさんが大声で、それもハッキリとした口調で、どこか別の国の言語（？）で呪文のような寝言を言っていたことがあります。様子を見るために部屋に入ったのですが、部屋の入口でお不動さんの真言を唱えました。すると、ピタッと寝言が止まったのです。

「何が来たのか！」と、敵が身構えたようだったので、お不動さんは効くのかと思い、この時もDさんの前でお不動さんの真言を唱えてみました。

しかし、Dさんに乗っかっているものは落ちません。お不動さんが来てくれたので、なぜ落ちないのか聞くと「お前を守るだけで精一杯だ」と言われました。Dさんの部屋の悪霊は、かなりの力を持っているのだとわかりました。

暗黒の異次元につながるホールを確認しようとしたら、ちょうどそこに絵画がかけられているのに気づきました。壁紙と同じ色調で高い所に掛けられています。

普段はベッドや床のセンサーを注意して見ているので、視線が低い位置にあり気づかなかったのです。部屋の中をじっくりと観察したことがなかったせいもあります。

立ち上がって背伸びをし、その絵をよく見たら……これが大変不気味な絵でした。魔界の夜のような風景の中を、人間ではないものが2人、前後になって歩いているのです。先頭を歩くものは手に何か……とても長いススキの葉のようなものを持っています。

ああ、これが原因だ、と思いました。絵からは悪い霊気が強烈に吹き出しています。絵の右下のところには外国人名のサインがありました。

「Dさん、この絵が悪いですね」

と言うと、それまで意味不明の言動しか出来なかったDさんが、私を見上げ、うなずいて、

「そこから、何かようけ出てきよるやろ」

とハッキリ言ったのです。やっぱりDさんには見えているんだ！　と思いました。

どこで購入したのかを続けて聞いてみましたが、答えてはいるものの、いつものように日本語になっていないので、内容はわかりませんでした。どこか海外の現地で買ったのか、もしかしたら骨董品屋などで購入されたのかもしれません。絵は印刷物ではなく、手描きでした。

Dさんが落ち着いてきたので、靴を脱がせ、ベッドに横になるように言いますが、なかなか寝ころんでくれません。時々、顔が急変して私を睨みつけます。手がブルブルと震えています。何かに

操られて私を叩こうとする手を、必死で本人の魂が押さえているようでした。

Dさんの手を撫でながら、お不動さんでダメなら観音様はどうだろう？　と、観音様の真言を唱えてみました。私には縁を結んでくれている観音様がいないので、ダメかなと思いましたが、Dさんはすーっと元の顔に戻りました。しかし、しばらくするとまた別のものに憑かれた状態になります。

「Dさん、しんどいね。ごめんね。私に祓《はら》う力がなくて」と言うと、Dさんは私を見つめてうなずいたあと、「もうすぐ良くなる」と、これもハッキリと言いました。

Dさんはベッドに横になろうとしますが、ベッドにうまく足を上げられません。お手伝いをしてもいいかと聞くと、うなずいたので、手を貸して横にさせてあげたら……そこで、平手打ちをされました。

でも手が当たる寸前に、本人が力を入れて勢いを止めたようで、まったく痛くなく、ピタンと当たったくらいでした。

先輩の話では、赤くなったり、たまに鼓膜がおかしくなることもあるくらい強く叩くとのことだったので、Dさん本人が憑依されていながらも、必死で抵抗して私を守ってくれたのだとわかりました。

「ありがとう、Dさん」と言いましたが、Dさんの憑かれた体はとても興奮して怒っています。また暴れ出しそうな感じだったので、Dさんの胸を、子供にするように軽くトントンしながら「大丈夫」と言い、観音様の真言を唱え続けました。

10分くらいトントンし続けていたら、Dさんはそのまま眠りました。

このときに確信したのは、悪霊はとてつもない数で霊団になっており、それが成仏していない霊などという軽いものではなく、よその国の得体の知れない悪魔のようなものであるということでした。

こういう外国の恐ろしい霊もいますので、海外の宗教に関する物や、見た目がちょっと不気味な物を買う時は注意が必要で、慎重に購入したほうがいいと思います。

憑依体質

2番目の元夫とは事情があって離婚しましたが、今も仲良しだということは何回か書きました。この元夫はクリスチャンで、結婚当初、幽霊なんかいないという考えでした。ところが私と一緒に暮らしていて、いろんな怪奇現象を経験し、徐々に考え方が変わって、今は幽霊の存在を認めています。

それまで「幽霊なんかおるわけないやん！」と、本人はまるっきり信じていなかったのですが、新婚当時からよく霊を連れて来ていました。というか、憑かれていました。俗に言う憑依体質なのです。

これは新婚当時のことです。ある日、寝室を掃除していたら、部屋の隅のカーテンの陰に誰かがいます。誰だろう？　とさりげなく見ると、老婆が遠慮気味に立っていました。

この人は幽霊ではなかったので、何かを伝えたくて来たのだろうと思い、話しかけてみました。でも、黙ったまま何も言いません。ただ、強烈に〝心配の念〟を飛ばしていました。祖母、という雰囲気が出ていたので、元夫の祖母だということはわかりました。

若くして結婚した孫の、結婚生活を心配しているのかな〜、と最初はそう思いました。というのは、私の方がかなり年上だからです。年上の姉さん女房で、孫はうまくやっていけるのかしらと、心配なのだろうなと思ったのです。

でも、うまくいっていることは見ればわかるし、もしかしたら何か別の問題で不安があるのかもしれないと思いましたが、話をしてくれない以上何もわかりません。仕方ないのでそっとしておきました。

元夫はそのころ体調が悪く、お腹が痛いと言っていたので、健康面が心配なのかもしれない、とも思いました。

老婆は本当に控え目で慎ましく、いつも同じ位置に、カーテンに隠れるようにして時々立っていました。強い〝心配〟の念は相変わらずでした。

当時、元夫は幽霊の存在を全然信じていなかったので、老婆のことを話すのはどうかと思ったのですが、あまりにもよく来るので、黙っているわけにもいきません。そこで、先に老婆の特徴を言いました。

背がこれくらいで痩せていて小柄で、顔が小さくて、背中がこんなふうに曲がっていて、髪はこんな感じで、すごく控え目で遠慮するタイプの80歳くらいの、と説明したところで、「それ、おばあちゃんやん！」と元夫が叫びました。父方の祖母だということです。

その後、元夫の腹痛はどんどんひどくなり、時々、我慢出来ないくらい痛いと言います。でも、痛くない時は全然何ともなくて、何かがおかしいと言っていました。

そんなある夜のことです。夢を見ました。

すごく痩せて頬がこけている、30代の面長の男性が出てきました。男性はタクシーの運転手です。タクシーに乗っていて、運転席側の窓を開けていました。

場所はどこかの埠頭のようです。すぐ背後に山が見えたので、大阪や神戸のような都会ではなく、田舎町です。

男性は岸壁ギリギリに車を停車させていて、窓から腕を出し、こっちを向いてこう言いました。

「一緒に行こう」

そこで目が覚めたのですが、ふと隣で寝ている元夫を見ると、熟睡しているのに大あくびをしています。「ああ、憑依されているな」と思いました。

このサインは霊能者であり霊媒だった私の祖母が教えてくれました。子供の頃、弟がぐっすり寝ているにもかかわらず大あくびをした時に、そう言っていたのです。その時、弟には本当に霊が憑いていました。

翌日、夢の話をすると、元夫は真っ青になりました。

「オヤジの……弟や」

私はその時に初めて、義父に弟がいたことを知りました。そういえば、面長の感じが似ています。義父の弟さんはタクシーの運転手で、金銭問題のトラブルから、自殺をしていたのでした。それも、埠頭でタクシーの中で死んでいたといいます。

元夫はそれでもまだ、幽霊というものの存在に半信半疑のようでしたが、妙な腹痛といい、もしかしたら……という感じでした。

私は成仏させることが出来ないので、とりあえず、弟さんの幽霊には出て行ってもらい、二度と来ないようにしました。すると、元夫の祖母もそれからピタッと来なくなりました。元夫の祖母は、孫が心配だったのではなく、自殺して成仏していない息子が心配だったのです。

この弟さんの供養はちゃんとしているのか元夫に聞くと、「たぶんしていないと思う」とのことでした。宗教が違うため、嫁の私からは何も言えず、また元夫からも、宗教のことは口出ししないでくれ、とお願いされたのでこのあとのことはわかりません。

息子を持つ同じ母親として、元夫の祖母の気持ちは痛いほどわかります。切ないなぁ、としみじみ思った一件でした。

未成年の幽霊

続けて憑依体質の元夫の話です。

霊を連れて来た時は、何日か経たなければわからないケースもあれば、すぐにわかる場合もあって、そこは一定ではありません。私は幽霊とは波長を合わせていないので、目で見ることはめったになく、ほとんどが夢で見て知るパターンです。

結婚していた頃は、憑かれた元夫のすぐ隣、つまり、霊のすぐ横で寝ていたわけで、どうしても夢で見てしまっていました。向こうから、わかってほしいと、知らせてくる場合もあったと思います。

元夫が連れて来た幽霊の中で、印象に残っている未成年の幽霊が2人います。一人目は女の子で、腕のところに白いラインが入ったえんじ色のジャージみたいなものを着ていました。

この女の子が、ものすごく吐くのです。吐いて吐いて吐きまくっていて、可哀想なくらいです。私のそばまで来て、私の膝の所で「ウェッ」と吐こうとしたので、「大丈夫よ」と背中をさすってあげると、吐くのをやめ「吐くかと思った～」と言います。

まったく見覚えのない顔でした。細おもてで、オカッパの角を取ったような少し柔らかい雰囲気の髪型をしています。中学2年生だというのですが、「今」という時が「昭和47年」だと思っています。たぶん、この年にこの年齢で亡くなったのでしょう。

女の子の向こうには古いベランダがあります。そこに布団と、毛布が干してあります。でも外は雨が降っていて、布団と毛布は濡れています。女の子はそれらを取り込み忘れているのです。もしくは、吐いていて、入れることが出来なかったのかもしれません。

母親は仕事をしているので、帰宅はもう少しあとなのですが、「お母さんが帰ってきたら叱られる！　どうしよう！」と思っています。母娘2人暮らしのようで、生活は厳しい感じでした。

「どうしよう、どうしよう、叱られる」という意識がとても強く、その意識に縛られているみたいでした。大変なことをしでかした！　という念に囚われていて成仏出来ないのです。

どうしようどうしよう、と狼狽した状態で目が覚めたので、一応諭してあげましたが、届いたかどうかはわかりません。布団が濡れるなんて、たいしたことじゃないのに……と思うと、子供だからそれがわからない女の子が不憫で可哀想でした。

もう一人は男の子の幽霊です。11歳〜12歳です。その子は走って逃げていて、後ろから私が追いかけています。その子は戦時中の色あせた薄茶色の服を着ていました。服はボロボロで、何ヶ所か繕ってあり、「貧乏なのだな」と思いました。

男の子は地面をさっくりと掘っただけのホラ穴に逃げ込みました。顔を見ると、丸メガネをかけています。まだあどけなさが残る顔です。

「大丈夫だから出ておいで」と言っても出てきません。相当おびえています。私が持っていたパンを差し出すと、その子は一瞬だけ素早く出てきて、パンをひったくるようにして取りました。

そしてまたホラ穴に入ると、こちら側を向いて私を警戒しつつ、ガツガツと食べました。その瞬間、男の子と犬が重なって見え、「ああ、たまに犬に憑依して食べているんだな」とわかりました。

人間だったときは純粋無垢な子供で、笑ったり、友達とフザけたりして明るく生きていたのでしょう。それがなぜ死んだのかはわかりませんが、戦争の恐怖と、強烈な空腹感が成仏を阻み、こんな姿に変えたようです。

こちらも不憫で可哀想でなりませんでしたが、成仏させてあげることが出来ないため、仕方なくよそへ行ってもらいました。助けてあげられなくて本当にごめんね、と悲しい気持ちが尾を引きました。

横で寝ている元夫を見ると、連れてきた当の本人は何も知らずにグーグー寝ています。霊がわからない人はある意味幸せかもと、元夫がとても羨ましく思えたのを覚えています。

霊障

憑依体質の元夫に憑いた霊の話を続けて書いていますが、このお話は本当に危なかった霊障についてです。もう10年以上前になりますが、元夫は転職をしました。

運良く、というか神仏にお願いしまくって、さらに本人の努力もあり、ありえない展開で某大企業にシステムエンジニアとして採用されました。お給料もいいし、待遇もいいし、これで一生安泰だねと、２人とも大喜びでした。

入社して、元夫は張り切って出社していましたが、だんだん元気がなくなっていきます。そのうち、お腹が痛いと言い出しました。家にいる時は何ともないのに、会社にいると痛くなると言うのです。プレッシャーからくる精神的なものだろう、と本人も私もそう考えていました。

そんなある日、仕事が休みだった私は昼寝をしていて、急に金縛りにあいました。金縛りなんて、十何年ぶりという珍しさです。

これはかなり強い霊が来たってことだなと見ていたら、玄関から男の人が2人入って来ました。2人とも作業服ですが、一人は現場で着る安全ベストみたいなものを着用していて、もう一人は管理者という感じを受けました。

2人は私には目もくれず、スーッと寝室へ行きます。寝室の元夫のパソコンスペースで、2人は何やらひそひそと話をしていましたが、やがて消えていきました。どうやら新しい会社関係の幽霊みたいです。

元夫は憑依されてるのかな、と思いましたが、たいしたことはないだろうと甘く考えていました。というのは、憑いていても、自然に離れていく場合も多くあるからです。

一応、話だけはしておこうと思い、帰宅した元夫に昼間見た幽霊のことを言いました。元夫はそれを聞くなり「しまった！」という顔をしています。

「あの時、憑いたんかな～」と、明らかに心当たりがあるようだったので、詳しく聞きました。

話はこうです。新入社員の元夫は、会社の歴史を勉強するため、上司と一緒に会社の資料館に行きました。上司の説明を受けながら、その会社で製造しているいろんな製品を見学したそうです。戦時中は空襲をされたとかで、資料館にはその記録も残っていました。

当時の統括長の日誌も見せられたそうです。膨大な数の日誌が並べられていて、何冊か見てみると、真面目そうな細かい字でいろんな事が詳細に書き綴られていたそうです。圧倒されるというか、胸に迫る強烈な何かがあったと言います。

コツコツと一生懸命に仕事をしていたであろう統括長の姿と、空襲の悲惨な映像などが交錯し、「可哀想に。こんなに一生懸命仕事をしていたのに……さぞかし無念やったやろな」と思ったと言うのです。

ひぇ〜！　と私は声をあげました。なぜ、そんな「憑いて下さい」と言わんばかりの感想を持つ？　と言いそうになりましたが、とりあえず先を聞きました。

その後、上司と一緒に工場の方を見学し、そこで毎年何名かは事故で亡くなる人がいる、と説明を受けたそうです。

「で？　どう思ったん？」

「一生懸命に作業してて、事故で亡くなるなんて、可哀想やなぁ、悔しいやろなぁ、浮かばれへんなぁ、と」

「ひぃぃぃ〜！　そんな感情を持つと幽霊と同調してしまって、憑かれやすくなるのに」

と言うと、元夫は「えっ　そうなん？」とあっけらかんと言っていました。こういうことは最初に教えておくべきだったと後悔しましたが、時遅しです。

元夫の腹痛は日に日にひどくなり、会社に行くのがツライと言うようになりました。

霊障は本人の一番弱いところに出ます。元夫は腸が弱い体質だったので、憑依されるといつもお腹が痛くなっていました。

霊を家に入れないようにしていたので、家の中では無事でした。元夫は塩風呂に入ったり、簡易禊をしたり、いろいろと防御をしていましたが、会社に行くと幽霊も出勤しているわけで、取り憑かれているようでした。

3ヶ月たった頃には、げっそりと頬がこけ、ガリガリに痩せていました。目の下にクマが出来て、人相も変わっています。

会社では時々動けないほどの激痛に襲われ、そういう時に席を立つ用事を言われると地獄の苦しみだったそうです。仕事はやりがいがあるし、面白いし、こんな大企業にはもう二度と入れない、と元夫はギリギリまで頑張っていましたが、結局、退職しました。

最後のほうは腹痛が尋常ではなく、「もう俺、死んだほうが楽かもしれん」などと言いだしたので、私が会社を辞めるよう説得しました。これ以上は本当に危険だと感じたからです。

元夫が憑依体質でなければ大丈夫だったと思うし、変な同情心を出して同調していなければ憑かれなかったように思います。本人もよほど辛かったのか、今でもこの会社を辞めたことは後悔していません。

霊障を甘く見てはいけないと、この時に痛感しました。元夫は退職直後から嘘のように元気になり、今は違う職場で生き生きと働いています。

おふだ

私がまだ2歳になる前に住んでいた家でのことです。

その家に引っ越した当日、母は床の間に貼られているおふだを見つけました（お札、と漢字で書くとお金のイメージと重なるため、ひらがなにしています）。よく見ると、そのおふだは逆さまに貼られています。

母は「どうして逆さまなのだろう？」と一瞬、疑問に思ったそうですが、「ま、いいか」と深く考えず、そのおふだをペリッと剥がしました。

その夜、床の間があるその部屋で、父と母と私の3人が寝ていると、母だけ夜中になぜかパッチリと目が覚めたそうです。

「あれ？　なんで目が覚めたのかな？」とキョロキョロしていたら、白い着物を着た女の人が、奥の部屋からすーっと台所のほうへ歩いて行きました。母に霊感はなく、それまで幽霊を一度も見たことがなかったので、それが幽霊なのかどうか、暗闇で悩んだそうです。とてもハッキリ見えたので、幽霊とは思えなかったということでした。

少しすると、今度は台所のほうからその女の人が来て、奥の部屋にす～っと戻って行ったそうです。

翌朝、あれは何だったのか、と祖父母の家に行き、事情を話しました。

さっそく祖母がうちに来て、自分の体に霊を乗り移らせてみると……出てきたのは若い女性の霊でした。軽い知的障害があったようで、「お父さんが怒った」ということは伝えられたのですが、死ぬいきさつやその後の事情はうまく話せなかったそうです。

「お水が飲みたかったから台所に行った」ということと、「それまでは台所に行こうとしても、どうしても行けなかった」「しょうがないから、ずっと寝ていた」と話したそうです。

この女性の幽霊は、逆さまに貼られたおふだによって封じ込められていたのです。そのおふだを母が剥がしたので、自由に動けるようになったのでした。

祖父母の手によって女性は無事に成仏することが出来、もちろんその後は何事も起こりませんでした。

しばらくして、母は多くのご近所さんと仲良くなり、あちこちで話をする知り合いが増えました。

そんなある日、近所で古くからお店を経営しているオジサンと話をしていて、自分たちが引っ越してくる前はどういう人が住んでいたのか、聞いてみたそうです。

オジサンは、「なんでそんなことを聞くのか?」と逆に質問をしてきたそうで、母は幽霊の一件を話しました。すると「やっぱり出たか……」とオジサンは暗い顔で言ったそうです。

私たち家族が入居する前に、その家に引っ越してきた家族は何組かいたそうですが、みんな短期間で出ていったと言います。白い着物を着た幽霊が出る、という理由で、です。

オジサンはおふだの件は知らなかったそうで、幽霊が出ると噂になったから、家主がお坊さんにでも頼んで封じ込めたのではないか、ということでした。

で、その幽霊は誰なのか? といいますと……。

オジサンによると、その家には昔、両親と娘が住んでいたそうです。娘には障害があったので、父親はそれを恥ずかしがって、外には出るなと言っていたらしいです。

ある日、気づくと娘は妊娠していて、父親は激怒しました。家の恥だから外には絶対に出るなと今まで以上に厳しくしましたが、娘はよく理解が出来ませんから、大きなお腹で外に出ようとします。

そこで父親は怒り狂い、娘のお腹を何回も思いっきり蹴ったそうです。娘のお腹の子は死産になり、それが元で娘も亡くなった、ということです。娘が死んでから、親はどこかへ引っ越して行ったので消息は知らない、とのことでした。

悲しい話だなぁ、と聞いた時に、なんともやるせない気持ちになりました。でも、無事に成仏出来て、成仏すれば障害も何もなくなって真の魂だけになるので、この娘さんはきっと波動の高い位置にいるのではないかと思います。

障害を持って生まれることにチャレンジした魂であり、父親をまったく恨んでいなかったので、心も曇らず透明なままだからです。母が不用意におふだを剥がして良かった、と思いました。

この話で私が意外に思ったのは、おふだです。おふだによって封じ込めると、何やら恐ろしい形相をした仏様が懲らしめて、見張っているのかと思っていました。

でも、実際に封じ込められたほうが言うには「なぜかそこから動けなかった」というそれだけなのです。「動けないから寝ていよう」と考えられるほどのんびりしているわけです。

へぇ〜、と驚きました。「封じ込める」とは、そういう仕組みなのです。見えない世界は本当に不思議です。もっともっといろんなことを知りたいと思ったお話でした。

霊に同情してはいけない

去年のお盆明けに、元夫と一緒に私の実家へ行き、のんびりとくつろぎました。その時の母のお話です。

お盆の十日くらい前から、母は突然、体調が悪くなりました。今までに経験したことがない体のだるさで、呼吸をするのもしんどく、横になってすごす日々だったと言います。買い物や犬の散歩どころか、家の中を歩くのも息が切れ、トイレに立つのがやっと、という状態で、最初は夏バテだろうと思ったそうです。状態は日を追うごとにひどくなり、ベッドから起き上がれず、「このまま死ぬのでは？」と本気で思ったと言っていました。

病院で検査をしても特に悪いところはないと言われ、悪いところがないので治療をしてもらえず、ひたすら我慢していたそうです。

お盆の最終日、母はベッドで寝ていました。夕方くらいだったそうです。

「あのー、すみません」

と、ハッキリした声が聞こえ、母は目を覚ましました。見ると、ベッドの脇に若い女性と4～5歳の男の子が立っています。

「すみません」

と若い女性はもう一度、母の顔を見て言いました。

「はい？　何でしょう？」

「私たちはどこに行ったらいいのでしょうか？」

は？　と母が思っていたら、

「誰もどこへ行ったらいいのか、教えてくれないのです」

と若い女性は悲しそうに言いました。

「話しかけてもみんな無視をするし、どこに行ったらいいのか全然わからないんです。すみませんが、教えてもらえませんか？」

ここで母は、ああ、この人たちは亡くなっているんだとわかり、わかった瞬間にしっかりと目が覚めたそうです。

お盆だったので、亡くなった祖父（母からすると父ですね）が今うちにいる！　と気づき、急いで仏壇の前に座りました。そして、「ここにいる成仏出来ていない親子に行き道を教えてほしい」「出来れば一緒に連れて行ってあげて」とお願いをしたそうです。

その翌日、あれほど悪かった体調が嘘のようにすっかり良くなり、どこも何ともなく、さっそく買い物と犬の散歩に行ったそうです。

その話を聞いて、憑かれた理由は思い当たらないの？　と聞いたところ、「それなのよ」と心当たりがあることを話してくれました。

憑かれる前日、母は犬の散歩でいつもと違うコースを歩いていました。そのコースには、とても家賃の安い集合住宅があります。その横を通る時に、「そういえば、ここで若い母親が男の子を道連れに心中した事件があったな〜。何かつらいことがあったんだろうな、可哀想に」と思ったそうです。

そりゃ憑かれるわ！　と思いました。

たまたまお盆で、祖父が家に帰ってきていたからよかったようなものの、そうでなければ祓う人がいないので、もう少し長く苦しむハメになっていたと思います。幽霊の問いかけに返事をしてしまっているので、「この人は私たちのことをわかってくれている！」と思われ、もしかしたらずっと離れてくれなかったかもしれません。

幽霊がいそうなところで同情をしたら、その思念が幽霊と同調して、憑かれやすくなってしまうので注意が必要です。

母は改めて憑依される怖さを思い知ったということで、今後は気をつけると言っていました。祓える人がいない場合、幽霊がどんなに可哀想で、何とかしてあげたくても、連れてきてはダメなのです。

幽霊の親子には、この人を病気にしてやろう、などという悪意はありません。ですが、その波動のせいで、憑かれた人は病気になります。いい幽霊も悪い幽霊も関係なく、それは波動のせいなので、仕方がないのです。

成仏していない幽霊は波動が低いため、成仏している祖父のことは見えないはずです。それを、どうやって道を教えたのか、成仏させてあげたのか、私としてはそっちのほうが気になり、「現場にいて勉強したかったな～」と思いました（幽霊は見えませんが、祖父の姿は見えたと思うので）。

成仏させてあげることが出来ない方は、同情による憑依もありますので、気をつけられたほうがいいです。

悪霊を祓うキンモクセイ

前述しましたように、私の勤務する施設にDさんという男性がいます。Dさんの部屋には得体の知れない絵画があり、その絵が良くない異次元につながっています。そしてその絵からたくさんの悪霊たちが出たり入ったりしており、部屋はいつもそういう霊でひしめき合っています。

Dさんは現在、入院中です。ですから、部屋には誰もいません。それなのに、深夜になると、たまに音がしているのです。

ある日の深夜2時過ぎです。巡回をしていたら、Dさんの部屋のドアが小刻みに、カタカタ、カタカタと鳴っていました。

「うわぁ、ドアが鳴ってる〜、中にいっぱいいるんだろうな」と、そちらに注意を向けてドアに近づいた途端、音はピタッとやみました。ドアの外からでも、中に霊が大量にいる気配が感じられました。

別の日の見巡り中（これも深夜です）、ドスーン、と大きな鈍い音がしたこともあります。その時も、ドアの前まで行ってみましたが、そばまで行くとシーンとしていました。

中にどれだけの悪霊がいるのかわかりませんでしたが、ドアの向こうの霊気がすごかったです。うっかり見るのが嫌だったので、開けて中を見ることまではしませんでした。

そんな状態のDさんのお部屋です。

施設では月に一回、各部屋の洗面台のパイプ洗浄をしています。洗浄液を排水口に入れ、一定の時間が過ぎると水を流しに行きます。その日は先輩が洗浄液を入れ、流す時間がないというので、私が水を流しに各部屋を回りました。

Dさんの部屋に入る時は、悪霊が大量にうようよしているだろうから、もし何かあったらお不動さんに守ってもらわねば、と構えてドアを開けました。

ところが、入ってみてビックリです！　唖然《あぜん》とするほど、全然、何もいないのです。空間は透明でサラサラしていて、重苦しくもなく、本当にスカーッと何もいない状態でした。悪霊たちが全員、一体残らず去っているのです。

その理由はキンモクセイの芳香だとすぐにわかりました。先輩が、閉め切っていた部屋の窓を開けていたのです。

窓からは優しい風が入り、それとともに、キンモクセイの強い芳香も入ってきていました。施設の向かいの家にキンモクセイの巨木があって、満開時の香りがすごいのです。人間にとっては癒される良い香りで、気持ちいいな～、と胸いっぱいに吸う芳香ですが、どうやら悪霊はこの香りが苦手なようです。

ここまで空間がまっさらになるほど逃げるのか、と心底、驚きました。

そこで気づきました。今まで線香について深く考えたことなどなかったのですが、線香には、その場の悪霊を祓う、場を清める、という効果が本当にあるのです。

これは人工の芳香剤では効かず、天然の樹木の芳香にそういう力があるようです。

パイプ洗浄の水は3分くらい流しっぱなしにするので、しばらくDさんの部屋にいましたが、霊の気配はまったくなく、居心地の良い空間になっていました。線香でもここまで霊が逃げるのだろうか、と考えましたが、どうやら、一度乾燥させて焚くお香よりも、生きた樹木の芳香のほうが何倍も力が強いようです。

香りが強い他の樹木でも効果があるのかどうか、実験してみないと何とも言えませんが、たぶん、霊は嫌がって逃げるのではないかと思います。なるほど〜、そうだったのか〜、と、私にはとても勉強になった出来事なので、ちょっと書いてみました。

ちなみにその後、窓は閉められて、再び部屋は閉め切り状態になり、次に私が出勤した時は、芳香も完全に抜けていたせいか、悪霊たちは戻ってきていました。

気の滞りは悪い影響を及ぼす

家の掃除をサボると気が滞ってしまって、良くない影響を受けるのは広く知られた話です。でも、フルタイムで仕事をしていたら、毎日お掃除をするのは不可能だと思います。

その場合、空気の入れ替えをすれば、滞った気が入れ替わるので、お掃除は週に一回でも大丈夫です。我が家は2週間お掃除出来ない時があったりしますが、まったく問題ありません。

私は毎日、出かける時に窓を2ヶ所開けて行きます。すると、風が家の中を吹き抜けて、気の滞りは解消されます。うちは防犯上安全にこれが出来るのでそうしていますが、出来ない場合は朝、空気の入れ替えをするといいです。

朝の空気は日が昇る前だと澄んでいて清浄だし、日が昇ったあとは太陽の力強いエネルギーを浴びていますから、それを家の中に入れておけば、しばらく良い状態を保ちます。

梅雨などで窓を開けられない、お掃除も出来ないという状態になると部屋がどんよりしてきて、体調も精神状態も悪くなります。

これは私が前職で担当していた利用者さんのお話です。気が滞った部屋を居室にしてから、急に介護度が進みました。

一人目は60代の男性ですが、最初は4点杖をついて、自力でトイレまで歩いていました。窓がない部屋に変わってから、あっという間に歩けなくなりました。半年もたたないうちにです。気力もなくなり、ベッド横にポータブルトイレを設置するとさらに悪化して、立つことすら出来なくなりました。

その部屋は家の一番端っこの部屋で、4面が、壁、押し入れ、ダイニングキッチンへ入るふすまがある壁、廊下に出るふすまがある壁、となっていました。窓がないのです。

部屋の角に気が滞って、溜まっているのが感じられました。この部屋の中には物がたくさん置いてあって、それらの物にホコリも積もっていました。

介護者は母親で90歳近い高齢でしたので、どうしてもお掃除が行き届かなかったのです。でも、風さえよく通せばまだ何とか改善出来たと思うのですが、ここのお宅はいつも締め切ったままでした。

利用者さんは以前は釣りの話などをして、冗談も言って笑っていましたが、徐々に性格が暗くなってしまい、半年たつ頃にはほとんど会話をしなくなりました。いつ行っても眉間にシワを寄せていて、別人のように暗くなったのです。

もう一人は70代の女性です。娘さん一家と同居をしていましたが、それまでは2階がこの方の居室でした。

介護度1で、そんなに状態は悪くなかったのですが、階段が危険だということで、ケアマネージャー（ヘルパーや福祉用具、デイなどの在宅介護サービス全部のプランを考える人です）の勧めで、1階の奥の部屋に変わることになりました。

このお宅は娘さんが仕事をしつつ子育てと介護をしていて、お掃除までは手が回らない状態でした。いつ行ってもすごく散らかっていましたし、室内犬はずっと檻の中で、たくさんのフンがそのままになっていました。

自費ベッドの選定を兼ねてお部屋の計測に伺い、初めて1階の奥の部屋を見て驚きました。部屋は4畳半なのですが、窓は一ヶ所です。その貴重な窓を洋服ダンスで覆ってしまっているのです。全体的に暗く、風が通りません。今まで物置として使っていたそうですが、気が滞る部屋でした。

「洋服ダンスをこちらに移動して、時々窓を開けられるようにしておきましょうか?」とさりげなく提案しましたが、「洋服ダンスは動かしたくない」と、娘さんに断られました。

その部屋に移ってから、利用者さんはみるみるうちに状態が悪くなり、介護度が3になったのです。

介護度の変更で、車椅子に座った本人も交えて担当者会議をしたのですが、ケアマネージャーが「どーしたん? 最近全然気力がないやん」「頑張ろうって思わないと良くならないよ」「ね、頑張ろう?」と励ましていましたが、本人はうつむいて黙ったままでした。

それからも坂道を転げるように状態はどんどん悪くなり、半年もたたないうちに、区分変更申請をして介護度が5になりました(介護度5は最重度レベルです)。

それを聞いた時、「えっ！　5!?　なんでそんなに悪くなったの？」と驚きました。本人は生きる気力がまったくないようで、食べるものも食べず、デイにも行かず、家族と話もしないとのことでした。

そしてついに入院となり、「たぶん、もう帰ってこられないだろうから、ベッドは引き上げて」というケアマネージャーの指示で、ベッドの回収に行きました。

部屋に一歩入ると、重くて黒い空気が、ねっとりと絡みつく感じでした。健康な人間でも体調が悪くなりそうな部屋になっていました。体が弱いお年寄りなら、すぐに影響が出るのは無理もありません。部屋の作りや気の滞りだけが原因ではないのかもしれませんが、多少なりとも影響はあったと思います。

反対に、いつも風を通していてお掃除も行き届いているお宅は、入ると「あ〜、明るい」と感じる「気」で満ちています。そのお宅の利用者さんはパーキンソン病でしたが、なぜか何年もまったく悪くならないと言っていました。

やはりお掃除は大切であり、掃除が出来ない時は、空気の入れ替えだけでもこまめにするべきです。気の滞りは、肉体だけでなく精神にも悪影響を及ぼすので、怖いです。

第7章
神仏は清らかさを好む

障害を持った人と尊い守護

私が住む地域には、とても大きな八百屋さんがあります。商店街ではなく、町内にポツンと一軒あるのですが、そこの息子さんがダウン症です。たぶん20代後半だと思うのですが、正確な年齢はわかりません。

私が引っ越しをしてきて間もない頃、駐輪場で自転車に空気を入れていると、気さくに話しかけてきました。

「空気はたくさん入れたらアカンで」

「あ、そうなん?」(私は自転車に詳しくないのでパンパンに入れていました)

その子はいろいろと説明をしながらタイヤを触って「こんなに入れたらアカンよ」と言うので、「そうやったんやね〜、知らなかったわ。今度から気をつけるね。ありがとう」と答えました。

その子は嬉しそうに、空気の減りが早い場合、チューブに穴があいているかもしれない、駅前の自転車屋に持っていけば見てくれるから、と教えてくれました。

「八百屋の○○に教えてもろたって言えば、よくしてくれるで」とも言ってくれました。

「そうだね、一度、自転車屋さんに見てもらったほうがいいかもね。教えてくれて、ありがとう」

そう言うと、その子は照れたような感じでしばらくそこにいましたが、「じゃあな」と、八百屋さんに戻っていきました。

それから、時々その子に会いますが、いつも向こうから声をかけてきます。その子は両親が経営する八百屋さんで働いています。

この八百屋さんがすごくて、お休みが正月三が日のみ、なのです。1年365日のうち、362日働いているのです。もちろん日曜祝日も営業しています。ご両親はとっても働き者で、そのご両親を見ているからか、その子もよく働きます。

朝に会うことが多いのですが、私を見つけると「おはよう！」と元気に声をかけてきます。続けて「今から仕事？」と必ず聞きます。

「そうよ〜」

「仕事、頑張ってこいよ！」

「ありがとう。頑張ってくるわー」

その子が言ったということは、社交辞令なんかではなく、ただの挨拶の言葉でもなく、本気で「頑張れ」と言ってくれたのだと思うし、働き者のその子に励まされると、なんだか自然と笑顔になりました。

元気が湧いてきて、私も今日一日頑張ろう、という気持ちになるのです。そして、その子に会った日は、なぜかツキのあるラッキーな日になっています。

その子は近所の誰からも優しくされています。あちこちのお店や郵便局、コンビニなどでも見かけますが、みんなニコニコとその子と会話をしています。その子がいい意味で、人に対して警戒心がないからだと思います。

純粋なのです。自分が話しかけたら迷惑に思わないか、自分のことを障害者として差別していないか……そういう人の腹を探るようなことを考えていないのです。純粋な裏のない人なつっこさを、人間は無意識に感知出来るのだと思います。

欧米では知的障害がある人のことを「天使」と言いますが、それも頷けます。

関西に引っ越して来て最初に住んでいたマンションの近所には、知的障害があるオジサンがいました。当時、すでに60歳くらいでした。白髪混じりの髪をロングヘアにして（束ねずにそのままです）、自転車で近所を走り回っていました。

ある日、母が（当時は一回目の離婚後で両親と同居していました）、近所のお好み焼き屋さんにいて、お店のおばさんとおしゃべりをしていたら、そのオジサンが来てお好み焼きを注文したそうです。

出来上がったお好み焼きの包みをもらうと、オジサンは、どのコインとどのコインを組み合わせたらいいのかよくわからないので、お店のおばさんに聞きつつ、一生懸命にお金を払いました。

オジサンが去ったあと、ふと椅子の上を見ると、お好み焼きがポツンと置かれています。オジサンは肝心のお好み焼きを忘れて帰ったのです。

お好み焼き屋のおばさんと母は、なんだか微笑ましい気持ちになり、母が「私が帰る時に届けるわ」と言っていたら、オジサンが取りに戻って来ました。

「ワシ、お好み焼き、持ってない」と言うと、「?」という顔をしたのだそうです。買ったことは覚えていたのでしょうが、自分が持っていないことを、無邪気に心底、不思議そうにしていたそうです。

お腹がすいて、「そうだ、今日はお好み焼きを食べよう」と思って買いに行き、空腹なのにうっかり忘れて店を出て、途中で「あれ？　なんでワシ、お好み焼きを持ってないん？　あれ？　あれ？」と不思議になったのだろうと想像すると、その純粋さに心が癒されます。

オジサンはほぼ毎日、自転車で町内や近辺の町を走り回っていましたが、ある日、車で30分以上かかる遠い場所でオジサンを見ました。

「今日、××町でオジサンを見たよ」と母に言うと「えー！　あんな遠いところまで？　自転車で行ったんやろか?」と驚いていました。

「うん。国道で見たんだけどね、オジサン、前傾姿勢になって自転車をシャカリキにこいでたよ」

母はその姿を想像したのか、ほのぼのとした表情になって、「へ～、何か用事があったんやろねぇ」と言いました。

私は国道でオジサンを見た時、「あっ！　オジサンだ！」と、なぜか嬉しかったです。チャリでこんなに遠くまで来てるのか～、ちゃんと帰れるのかな、帰り道がわかるのかな、とも思いました。オジサンという存在は、見ると心がフッとなごむ、そんな感じでした。

それから私は2回目の結婚をし、両親は弟夫婦と同居するために引っ越し、その町を離れました。そして月日は流れ、車でその町をたまたま通った時に、オジサンを見ました。

白髪混じりだった髪は真っ白になっていましたが、相変わらずのロングヘアでした。オジサンは今も自転車に乗っていて、でも昔と違ってスピードは出さずにのんびりこいでおり、自宅ではない方向に向かっていました。

「うわぁ、オジサンだ！　元気にしてたんだ、良かった～」と感激しました。本当に嬉しかったです。

早速、母に教えたら、母も「元気にしてたんやね！」と喜んでいました。オジサンは70歳を軽く越えているはずですが、まだ自転車に乗れるということは、大病を患っているわけでも、足腰が悪いわけでもなく、元気でいる証拠です。健康に暮らしているのだと思うと、やっぱり手厚く守られているなぁ、としみじみ思いました。

オジサンが自転車をびゅんびゅんこいでいた時に事故に遭わなかったのも、遠出をしても迷子にならなかったのも、ひとり暮らしなのに今も元気で無事に暮らしていられるのも、すべて尊い守りが人より大勢ついているからです。

障害を持って生まれてきた人は、そうではない人に比べて、生きるのが困難です。大変です。でも、この方々は、障害を持った肉体で人生を過ごしてみよう、という高度な課題にチャレンジしている霊格の高い人たちです。

課題クリアをサポートするためには、いろんな危険から肉体を守る必要があり、そのため尊い守りが通常よりたくさんついています。

障害を持ったお子さんが、電車でじっとしていられなくて、人々の「うるさいなー」「静かにしてくれないかなー」などの悪念を浴びることがつらい、という悩みをもらったことがありますが、お子さんはこのような悪念を少々浴びたところで、私たち一般人とは守りの強さが違いますから、大丈夫です。

世の中には障害者を見下したり、差別する人間もいます。そういう人たちから悪意のある念を飛ばされたりしても影響がないようなシステムになっています。悪意ある念が飛ばされることは生まれる前から想定内なわけです。だからこそ、ブロックする守りが大勢いるのです。

公共の場で、障害のある我が子が悪念をいっぱい浴びて不憫だ、可哀想、と心を痛めなくても、その子を愛する尊い守りが大勢でちゃんと守っていますから、大丈夫です、心配いりませんよ、というのが私からのアドバイスです。

自動書記で導かれる

怪しげなタイトルだな〜、と思われた方がいらっしゃると思います。実は私もずーっと自動書記については半信半疑でした。

「トランス状態で勝手に手が動いて書く」というのは理解の範囲内ですが、「本人の意識はそのままで手だけが勝手に動く」というのは、そんなことがあるのだろうか？　と思っていました。

「本人の意識はそのままで頭の中に言葉がどんどん流れ込んでくる」というものに関しては、それは自分で考えているのでは？　と思っていました。

そんな私でしたが、自動書記もどきのことがありました。「高い波動　〜具体例〜」というブログの記事を書いていた時のことです。

感謝をすることで波動が上がる、という部分を書いていたら、私の頭の中に突然、言葉が流れ込んできました。これは、人の思いとか感情が流れ込んでくるのとは違って、物理的に、脳に文字が流れ込んできたのです。

〝感謝をする〟行為は、相手の波動も上げる。

感謝をされるとなんとなく心地いいのはそのせいである。

「ありがとう」という言葉には、そういう力がある。

言葉が流れ込んでくると同時に、手はキーボードを叩いて、文字に変換していました。でも、感謝が相手の波動を上げる、なんて全然知らないし、考えたこともありません。文字に変換したあとで、「何、これ？」と思いました。嘘のような話ですが、神に誓って嘘ではありません。本当の話です。

文章を書く時は頭で考えたことを、何秒か遅れて、入力しています。しかし、この時は文字が頭に入ってきて脳が認識するのと同時に、キーボードで入力していました。それをもう一度やれ、と言われても無理です。不可能な作業なのです。

私はパソコンの画面に文字となって現れた、自分の頭の中にまったくなかった文章をしばらく見つめました。どこから来た言葉なのだろう？　と。

低級霊が来てイタズラしたとは考えにくいです。内容からして、高級霊からのようですが、誰からなのか、どこから来たのかはわかりません。

削除するかどうか、かなり迷いましたが、たぶんこれは真実を語っているのだろうと判断し、そのままブログにアップしました。その時の記事のテーマは「高い波動」だったので、自動書記のことを書くのは、いつかまた別の日にしようと思っていました。

最近になって、「そうだ、そろそろあの自動書記もどきの体験を書かねば」と思い立ち、そこで「感謝をする行為は、相手の波動も上げる」という言葉を思い出した時に、ハッと気づきました。

あぁ、そうか、そうだったのか、あの言葉は私に教えるためだったのだ、とわかったのです。

ブログを始めた頃に比べ、私の霊的にわかる能力はかなり上がりました。それは多くの神社仏閣に行ったり、私なりの修行をしたり、日々コツコツとブログを書いてきたことが修行になったから……と思っていましたが、実はブログを読んで下さった、たくさんの方々の「ありがとう」のおかげも大きかったのです。

そのありがたい感謝の念が私の波動を上げてくれていたのでした。

メッセージのお返事は出来ません、と書いているにもかかわらず、多くの方が毎日、メッセージを下さいます。何回も送って下さる方もいらっしゃいます。たまに批判のメッセージもありますが、ほぼ全部に「ありがとうございます」と書かれています。

これらのメッセージは、返信してもらえないことを承知の上で書かれたもので、つまりそれは、見返りを求めない「崇高なありがとう」です。一番高い波動の感謝です。その感謝が出来る方は本当に素晴らしいと思います。

そして、それを受け取らせてもらえる私はなんて幸せ者なんだろう、ということに気づきました。気づくのが遅いですよ！　と言われそうですが、気づいて良かったです。

あの自動書記もどきがなければ、永遠に気づかなかった可能性もあります（それを思うと、怖いです）。今回のことで、もっともっと修行を積んで、こういうことは教わる前に、自分で気がつかないとダメだと反省しました。私ってまだまだだな、と自分の未熟さが身にしみてわかった出来事でした。

守護霊は見守っている

どんな人でも、人生には幾度かつらく苦しい出来事が起こります。つらくてつらくて、どうしようもなくて、なんで自分だけがこんな目に遭うの？　と考えるだろうと思います。何も悪いことなんかしてないのに、なぜ、どうして……と。

自分だけがつらい、と思う気持ちはわかりますが、実はみんな口にしないだけで、結構苦しんでいたりします。

私が最初の夫に不倫をされて離婚し、福岡から引っ越しをする時のことです。特に仲の良かった友人3人と、一人ずつ別々に飲みに行き、しみじみと語り合いました。

私はそれまで浮気されていたことを誰にも言っていなかったのですが、この時にその話を打ち明けました。

まずA子とゆっくり語り合いました。A子は「実は、うちの夫も浮気の真っ最中で、外泊して帰って来ない」と言うのです。A子は数ヶ月前から急に痩せ始め、ガリガリになっていました。本人はダイエットをしていると言っていたし、誕生日に夫に花束をもらった、夫と時々外食していると仲が良いことも言っていたので、そんなことになっているとは誰も気づきませんでした。

実際に誕生日後の玄関には花束が活けられていて、高級マンションに住み、外車を乗り回しているA子は幸せなのだと、みんなが思っていました。しかし本人は、毎日がつらくて仕方ない、でも離婚はしたくない、出口が見えない、と苦しんでいたのです。

B子は私の離婚理由を聞くと「私はパチンコにハマってしまって借金がある」と自分の悩みを告白しました。

B子は私より少し前に離婚していたのですが、夫が子供を引き取ったため一人になっていました。寂しくて、パチンコ屋に通っているうちにハマってしまい、借金が膨らんだと言うのです。親がある程度お金を持っているので、親から借金をして返済し、人生をやり直そうと思っているが、親との関係がうまくいっていないので、頼みにくいと悩んでいました。

姉は親のお気に入りで可愛がられているが、自分は親と衝突ばかりしてきた、だから罵倒されるに違いない、親に頭を下げるのが死ぬほど嫌だ、とも言っていました。毎日取り立ての電話がかかってきて、借金はどんどん膨らんでいき、自分が蒔いた種とはいえ、早く何とかしなければならず、気が狂いそうになる……という厳しい状況だったのです。

最後に会ったC子は良い夫に恵まれ、子供も2人授かって家庭円満、一戸建ても買ったばかりで、幸せでした。しかし、C子の母親は日本人ではなかったため、ずっと、誰かにバレたらどうしようとビクビクして生きてきた、という話をしてくれました。

母親はC子の一番下の妹が成人するまで水商売をしていたので、それも嫌で嫌で、子供の頃は本当につらくて苦しかったそうです。結婚をしてから、やっと楽になったと言っていました。

表面は幸せそうにしていても、みんな口に出さないだけで、何かしらつらい思いをしているんだなと、その時に思いました。

それまでは自分だけがつらい、私だけがどうして、なんで？　と思っていたのです。でも実は、みんなが一度は生きる気力がなくなるほどの出来事に遭遇しているのだと知りました。

そう言われても、いま苦しみの真っただ中にいる人は、「他人も苦しい思いをしているのはわかりました。でも、だからといって、自分の苦しみが緩和されるわけではありません」と思われるかもしれません。確かにそうですね。

スピリチュアルのいろんなものを読むと、試練を乗り越えれば霊格が上がるとか、試練は乗り越えられる人にだけ与えられるものだから乗り越えられない試練はないとか、人生は修行の学校だとか、あとになれば試練が感謝に変わるとか、時間がたてば意味がわかるとか、様々なことが書かれています。

しかし、苦しいものは苦しいし、つらいものはつらい、納得出来ない、と思われるのではないでしょうか。というのは、私がそうだったからです。

キレイごとを書いている人は、死にたくなるほどの苦しみを味わったことがないんじゃないか、と思いました。

本当につらい時は神様をも見失います。私はそれも経験しています。神様や仏様は本当は存在していなくて、人は死んだら無になるに違いない、だって神様や仏様がいるんだったら助けてくれるはず！　と神仏に八つ当たりをしたこともあります。

でも、そういう時に、見えないけれどそばで一緒に苦しんでいる存在がいます。守護霊です。守護霊はそれが本人のための試練、学びの出来事、生まれる前の計画だと知っているので、手出しはしません。本人が苦しみ抜いて、死んだほうがマシと絶望的になっているのを、涙ながらに見ています。

守護霊はただひたすら見守るしかなく、そばについていて、「頑張れ」「負けるな」と精一杯、愛を送っています。

苦しい時に泣いて泣いて、そのあとでフッと軽くなる体験をしたことが、誰でも一度はあると思います。涙と一緒にストレス物質が放出されると、体のストレスが緩和されて悪い緊張が解け、高級霊の愛の波動を感じる能力が戻ってきます。その時に守護霊からの愛情を受け取っているのです。

私の守護霊は常時、私のそばにいるわけではありません。あちらの世界でも仕事があるようで、四六時中ついてはいないのです。時々、今そばにいないな、とわかる時があります。ですが、つらい時、苦しい時はずっとそばにいてくれます。どうしようもなくて泣いてる時は、頭を撫でてくれています。

もしも今、苦しいさなかにいる人は、こうした守護霊の愛を感じると、ちょっとだけでも心が軽くなります。試練だから乗り越えなきゃとか、カルマなのだろうかとか、霊格がどうのとか、ややこしい意味付けをするよりも、単純に守護霊に愛されていることを実感したほうが苦しみは軽減されます。

守護霊は霊格が高く慈悲深いので、本人以上に心を痛めています。これはもう、親の愛どころではありません。何十倍も何百倍も、深く濃い、包みこむような広大な愛です。

何があっても守護霊だけは自分を守ってくれる、自分を愛して導いてくれる、優しくそばにいてくれる、と自覚することが救いになるのではないかと、私はそう思っています。

私の守護霊

長い間、私は自分の守護霊が誰なのか、まったくわかりませんでした。女性か男性かということすら、わかっていなかったのです。私に守護霊はついていないのではないか？　とさえ思いました。

中学生の時に、人間には全員守護霊がついているらしいと知ってから、ずっと見たい知りたいと願ってきたのに、守護霊は一向に姿を現してくれなかったのです。

40歳を過ぎてもまったくわからなかったので、もうこのまま、知らないままで生涯を終えてしまうのだろうな、と諦めていました。

数年前の話です。夢で……といっても明け方の半覚醒状態ですが（この状態の時は夢を見つつ、実際の部屋の中も見えています）、私は森の中にいました。

暖かくて明るくて、足元には可愛い花が咲いていて、緑が美しい森でした。とても気持ちのよい場所で、私はひとりでした。

そこに一頭の鹿《しか》が現れました。鹿といっても、奈良の鹿みたいな感じではなく、インパラみたいなシュッと背が高くて、角が枝分かれしていないシカです（奈良の鹿と種類が違うのでこちらはカタカナで表現しています）。そのシカが、向こうからじーっとこちらを見ています。

シカはくるっと向きを変えると、山の方へ歩いて行きます。少し歩いて振り返り、私をじーっと見ます。

「え？　ついて来いってこと？」

そう思った私はシカのあとを追って、山の方へ歩いて行きました。山のふもとに着くと、シカは岩が多い山肌をピョンピョン、と跳ねながら登って行きます。少し登ったところで、またしても振り返って私をじーっと見るのです。

「一緒に登れ、ってことね？」

仕方なく、私も山を登りました。シカはピョーンピョーン、と軽快に上へ上へと行きます。

山の頂上まで登ると、誰かがいます。白いおくるみのような着物を着た、福助《ふくすけ》みたいな感じの、小さな仙人っぽい女性です。シカはその人に頭を撫でてもらって、嬉しそうにしています。

「この人、誰？」

と思っていたら、いきなり、

「私はあなたの守護霊ではない」

と言うのです。そしてシカに「案内しておあげ」と言いました。シカはふたたびピョーンピョーン、と跳ねまくって、さらに高い山を上へ上へと登ります。

しばらく登って、やっとのことでシカと私はものすごーく高い山の頂上に着きました。

そこに、私の守護霊がいました。色鮮やかな十二単を着ていて、頭には見たことがない複雑な飾りのついた冠を被っています。

霊格が高いため、後光がすでに仏っぽくなっていて、菩薩になりかかっていました。

「ついに会いに来ることが出来たか」

そう言って、ニコニコしています。私の守護霊は、実はもう守護霊をやるレベルではないとのことでした。

今まで会えなかったのは、守護霊が現れてくれなかったのではなく、私の霊格が低くて、霊格の高い守護霊を見ることが出来ない、という理由からでした。

守護霊は、「やっとここまで（私をこの霊格まで）成長させることが出来た」と微笑んでいます。ニッコリと優しい笑顔の守護霊を見ていて、そこでハッと目が覚めました。

目が覚めると、私は寝ていたにもかかわらず、涙を流しながら泣いていました。それほど嬉しかったのです。

この時以来、時々、コンタクトが出来るようになりました。守護霊はこの世にいた時に、伊勢神宮の斎宮（斎王）をしたことがあり、それであの見たことがない冠を被っていたのです。

私のペンネーム「識子」は、守護霊の生前のお名前をいただいたものです。清和天皇の皇女です。ある時、「清和天皇といえば、清和源氏だから源氏になるのかなぁ」と考えていたら、「みずのお」と聞こえました。清和天皇、と考えるたびに、「みずのお」と聞こえます。

それって、ナニ？　と調べてみたら、清和天皇は「水尾《みずのお》天皇」と呼ばれていたことがわかりました。当時は普通にそう呼ばれていたのかもしれず、もしかしたらこちらの呼び名のほうが正しいのかもしれません。

さて、話は変わって、昔の私ですが、かなり傲慢で浅慮な人間でした。そんな私が、最初の夫に不倫をされ、離婚も二度経験し、なんだかんだとトラブルがあり、病気もして、なんとか少しマシな人間になれていますが（まだまだかなりの未熟者ですが）。

このような私を見捨てることなく、根気よく、何年も、いや何十年もの時間をかけて、ここまで導いてくれたのは守護霊です。真っ直ぐに導いてくれたからこそ、今の私があると感謝をしています。

昔のおバカだった自分と、今のちょっとだけマシな自分、その差を一番わかっているのは私です。過去の自分を考えると、「よくぞここまで引き上げて下さいました」と、ありがたい感謝の気持ちがあふれ出て、自然と合掌しています。

神仏に感謝をすることも大事ですが、守護霊に感謝することも忘れてはいけないと、自分に言い聞かせています。

矯正と軌道修正

神社の神様やお寺の仏様は、正確にいうと神格・仏格の高い高級霊であり、一神教の人がいうGODとは違います。このGODにあたるのは、唯一無二の絶対神、宇宙の法則の神です。

この「唯一神（神社にいる高級霊の神様と区別するためにこう呼ぶことにします」）について、私なりに学び、感じた特性を書きたいと思います。

唯一神は人間一人一人、全員に深い愛を注ぎ、常に全員を見ています。本人が自分を思う以上に濃い愛情で包んでいます。本当に人間を大事に思ってくれているのです。さらに心の奥底まですべてが見えるので、ある意味、本人よりも本人のすべてを知っています。ごまかしなんかききません。

この唯一神から見て、何よりも大事なことは、「魂の成長」「霊格の向上」です。この人はこの部分を直せばもっと霊格が上がる、と思ったら、そこが直るような出来事を起こします。

病気だったり、事故だったり、経済的な打撃だったり、人から裏切られたり、騙されたりと、いろんな状況を作るのです（これらは、本人の生まれる前の人生計画ということもありますし、悪霊のしわざという場合もあります）。

出来事が起こった時、本人はつらい目に遭うのですが、格段に霊格が向上するほうが大事なので、実行されます。

その出来事の渦中にいる時は、なんでこんなに不幸なの？　とか、どうしてここまでつらい目に遭うの？　と思うかもしれません。でも、そういう目に遭うからこそ、人は深く考え、いろいろなことに気づき、悟り、霊格が向上するのです。

つらい出来事が一段落してあとから考えると、自分の良くなかった部分が直されて、霊格が大きく向上しているのがちゃんとわかります。自分では直すことが出来ない性格、考え方、そういうものを矯正してくれるのです。それはこの唯一神にしか出来ないことです。
「神様に愛される」＝「何もトラブルがない人生」ではありません。平坦な道を歩くような、何もない人生は、うっかりするとそのまま……貴重な経験をせずに終わってしまいます。手ぶらであちらの世界に帰ることになるのです。

唯一神は、性格や考え方の矯正の他にも、悪いことをして霊格を下げた場合、もしくは、真っ直ぐ歩んでいた霊性の道を横道にそれた場合は、キッチリ軌道修正をしてくれます。

これも一人一人を深く愛するがゆえです。一般的に言う、バチが当たる、というのがこれにあたります。バチが当たるのは懲罰ではなく、正しくいうと、軌道修正なのです。

自然高級霊である神社の神様や、仏教の仏様は、人間にバチを当てたりしません。神様や仏様に失礼を働いた場合は別ですが、どこぞの一個人が盗みを犯したからといって、神様仏様がわざわざバチを当てに行ったりしないのです。

しかし、この唯一神は違います。可愛いわが子（すべての人間ですね）が霊格が下がることをしたら、それを放置することはありません。すぐに軌道修正する（＝バチを当てる）こともありますが、普通はしばらく様子を見ています。本人が自分で気づき、改心し、自分で修正するチャンスを与えてくれているのです。

自分では気づけない、もしくは自分で修正出来ない、わかっていても修正しない、するつもりもない、となるとバチを当てる、つまり、ムリヤリ軌道修正をします。その場合、「容赦なく」という感じになります。世間を見渡せば、いくらでもその例がころがっていることに気づくと思います。

この唯一神は、本当に私たちのことを思い、深い愛情で包んでくれているのですが、それゆえに厳しいのです。このことがわかってから、私は自分の良心に少しでも引っかかることはしないよう心掛けています。あとで必ずバチが当たるからです。

自分の〝良心〟は霊格を保つための警告ブザーのようなものです。霊格が上がれば上がるほど、当然、この警告ブザーも厳しくなります。

明らかに悪いこと……たとえば嘘をつくとか、空き缶を道に捨てるとか、そういうことは自分でも明確にわかるのでしないと思いますが、うっかりすると見落としてしまう悪いこともあるので、日頃からちゃんと考えることが大事です。

私の場合、スーパーのレジで、レジ係の人が洗剤をビニール袋に入れていて、うっかり打ち忘れたことがありました。その場では私も気づかず、家に帰って、家計簿をつけるためにレシートをチェックしたら、２９８円のレジの打ちもれがあったのです。

そのことをしっかり考えず、「ラッキー♪」とそのままにしていたら……後日、その何倍ものお金を払うハメになりました。仕事で運転中にお客さんから電話が入り、その電話を取ったところで、パトカーに停められました。罰金６０００円ナリです。

よくよく考えれば、レジの人のミスとはいえ、私は２９８円を払わずに品物を持って帰ったわけです。盗むのと同じです。そんなことをすれば、二度としないように、また、「ラッキー♪」などと間違った考えを持たないように、矯正されるのは当たり前です。６０００円の罰金で済んで良かったくらいです（洗剤の代金は後日、支払いに行きました）。

もしも人をバカにすれば、人からバカにされる状況が必ずきますし、人を貶《おとし》めて優越感にひたると、必ず逆の立場に立たされます。嘘をつけばバレて、二度と嘘をつかないようにと教えられるし、人を傷つけて平気でいればそれ相応の矯正をされます。

世の中を注意して見れば、この法則が徹底していることがおわかりになると思います。

これらは悪いことをしたから天罰が下ったのではなく、私たちがつらい経験などで高めてきた霊格が下がらないように、下げる行為は二度としないように、と矯正してくれているのです。

厳しいけれど、深い愛情からされている、ありがたいことなのです。

人から見た不幸と真理

元夫は、数年前に難病に罹りました。難病ですので原因はわからず、効果的な治療法もなく、今のところ一生治らない、となっています。

彼は小腸の病気で、ほとんどの物が食べられません。肉、2～3の魚以外の魚介類、植物油が少しでも入っているもの、刺激物、嗜好品、食物繊維などが食べられません（以前は乳製品もダメでした）。他にも細かくいうと食べられない物は多くあるのですが、それはさておき、これらを食べるとどうなるのかと言いますと……。

腸が炎症を起こして、腸にある狭窄部分がさらに細くなり、物が詰まって腸閉塞を起こします。狭窄部分とは炎症を繰り返すことによって、腸に出来たものすごく細い部分です。繋がっているウインナーのキュッと細くなったところと同じような感じです。

そこの細胞は固くなってしまってもとには戻らないため、物が詰まりやすいのです。元夫は3ヶ所、小腸に狭窄があります。炎症を起こすと激しい腹痛と、吐いても吐いても止まらない吐き気に襲われます。しまいには、血を吐きます。腸が腫れるため、腹部はパンパンにふくらみます。

それでも救急搬送は嫌だから、と本人が救急車要請をためらっていると、意識が朦朧となります。こうなると、腸に穿孔《せんこう》が起きる可能性があり、もしも穴が開いてしまったら緊急手術という大変なことになるので、すぐに救急車で来なさい、と先生に言われています。

この炎症が半年に1回の割合で起こります。そうなると即入院で、大体2週間～3週間、入院して絶食・治療をしています。たまに1年くらい救急車に乗らない時もありますが、そういう時でも腹痛で苦しむことはしょっちゅうです。

普段は赤ちゃんが飲む粉ミルクみたいな粉末（必要な栄養素がすべて入っています）を水で溶いた物を飲んでいます。一応、コーヒー味とかヨーグルト味とか、フレーバーがたくさんあるのですが、この粉末栄養剤がもうマズいのなんのって、想像を絶するマズさです。私は味見をさせてもらった時に、本気で「オエーッ」とえずいてしまいました。でも、元夫はそれを毎日、飲まなければ生きていけないのです。

体調が良ければ、固形物も食べたほうがいいということで、白米、うどんやそば、少量のお刺身、お豆腐などを食べています。

調子が良くない時はお豆腐に含まれる大豆の、微量の天然油分でも炎症を起こします。

自分で調子が悪いと感じる時は、1日～2日何も食べませんし、栄養剤も腸に負担がかかるので飲みません。そうなると一気に痩せてしまいます。

この病気になって、食べる楽しみがなくなり、私のように美味しいものを食べてストレスを解消する、ということが出来なくなりました。お菓子類もほとんど食べられないし、コーヒー・紅茶なども飲めないのです。お酒ももちろん飲めないので、付き合いも出来ませんし、外食はまず無理です。

調子が良ければお蕎麦屋さんで、本当に麺とつゆだけのかけそばなら食べられますが、店員さんが天ぷらを触った手で器を持ったら、そこに口をつけてしまうと腹痛が起こるので、めったに外食はしないです。

同じ病気の人でも結構たくさんの物を食べられる人もいるようですが、元夫は炎症を起こしやすいタイプのようです。彼はこの生活が一生続きます。

元夫は最初、なんで何にも悪いことをしてないのに、俺だけがこんなつらい目に遭うのか？　と神様を恨んだそうです。入院とまではいかない軽い炎症でも、耐えがたい激痛に襲われるので、自暴自棄になったりもしていました。

しかし、時間がたつにつれ、元夫は深く悟り、いろいろと考えるようになりました。体とは何なのか、人間とは何か、生きるということはどういうことか、人生とは何なのか……。

そしてこの病気と一緒に歩んで、5年以上がたちました。彼は今「この病気になって良かった」と言っています。強がりでも、無理をして言っているのでもなく、心の底からそう思っています。

元夫は、以前は激情型の感情の持ち主でした。普段は優しいし、大らかで楽しい性格なのに、一旦怒りに火がつくと、自分では抑えられなかったのです。感情の奴隷になってしまい、際限なく怒り散らします。会社で何かあると家に帰っても、猛烈に怒り狂っていました。許すことが出来ないので、何日も続けて最初と同じ温度で怒るのです。

私とケンカをしても、大声で怒鳴ったり、時には物に当たったりもしていました。怒りが収まって冷静になると、怒り過ぎだったと反省するのですが、誰かに何か気に障ることを言われたら、その瞬間に火がつくのでした。

この性格を何とか直したい、と自分でも言っていましたが、どうしようも出来ないようでした。この瞬間湯沸かし器的な、激怒する部分さえなければ、彼はすごく立派な人なのです。思いやりがあり、慈悲深く、人の立場で物事を考え、本当に高潔な人柄です。「ああ、もったいないなぁ、その部分さえなければ、もっと霊格が高い人なのに」と私は出会ってからずっとそう思っていました。

唯一神もそう思っていたのでしょう。そして、彼が自分でこの性格を直せるかどうか、長い間見ていたようですが、無理だと判断したみたいです。

唯一神は彼が美味しいものを食べられる食べられない、という部分に価値を置いていません。それよりも魂が成長し、霊格が上がることのほうが大切なのです。

病気になってからは、以前のように激怒してカーッとなる状態が続くと、腸が炎症を起こし、調子が悪くなります。少しくらい痛くてもいいや、腹が立つのは止められへんわ、と感情のままにウワーっと怒り狂っていると、激痛に襲われて苦しみます。そうなると、もう腹が立っていることなんてどうでもよくなります。

これを幾度も繰り返し、病気になってから深いことを考え、気づき、悟った部分もあって、元夫は完全に性格を直すことが出来ました。

私と彼は、唯一神が彼の性格を矯正して下さった、と考えています。本人が直したくてもどうしても直せなかった性格を、唯一神が直して下さったのです。彼は正義感が強いため、腹が立つことはよくあるようですが、以前のように激怒して怒り狂うことは一切なくなりました。

吐いても吐いても吐き気が止まらなくて、トイレに座り込んで吐き続け、血を吐いてもまだ体は吐こうとします。腹部は激痛で、意識が朦朧とします。時には気を失い、痛みで1歩も動けないところを担架に乗せられて体が動くので、もうこのまま死にたいと何度も思った病気です。

それが半年に1回、ひどい時は2回〜3回ありましたが、それでもこの病気を与えてもらえて良かったと言っています。どんなに苦しい症状が出ても、美味しい物がまったく食べられなくても、今の心穏やかな自分にしてくれた神様に感謝している、と言うのです。

怒り狂わなくなると自分が楽なのだそうです。

「俺、神様に愛されてるな〜。神様ありがとう、って思うねん」

その考えはなんて美しいのだろう、と思いました。そして、これは「可哀想で不幸な病気」ととらえる人が多いと思うのですが、視点を変えると「神様からの素晴らしいプレゼント」になるのでした。

元夫とともに、私も勉強させてもらったと思っています。

※2020年現在、かなり状態が良くなって、食べられる物が大幅に増えました。栄養剤は必要なくなり、3食ちゃんと食事をしています。お菓子も油が入っていなければ食べられるようになりましたし、お酒も少しだったら飲めるようになったので付き合いもしています。救急車を呼んだり入院したりするほどひどい炎症も起こさなくなりました。性格が直ったので病気も緩やかになったようです。

生まれることなく帰っていった子供たち

これはいきなり結論から書きます。

水子が霊障を起こすことはありません。ましてや祟《たた》るなんてことは、絶対にないと思います。この世に生まれていないのですから、憎むとか怨むとかいう感情は持っていないのです。清らかな魂がお腹に宿り、そのままの状態であちらの世界に帰るのですから、人間が考えるような復讐めいたことはしません。

どうしても産めない理由があって仕方なく中絶をする場合、お腹の子供はその状況をちゃんと理解しています。しかも宿る前から、もしかしたら産んでもらえないかもしれない、ということはわかっているのです。

それでもあえて妊娠するのは、そのお母さんの子供として生まれたい、という気持ちが強いからです。もしかしたら産んでくれるかもしれない、という可能性に望みを繋いで妊娠するのです。ですから、産んでもらえないとなっても、お腹の子供は恨んだりしません。

お腹に宿った時から、その女性は〝大好きなお母さん〟なわけです。

幼児は母親が好きで好きでたまらない、という感じですが、あれと一緒です。自分が産まれたら、大好きなお母さんが困る、ということは十分理解しているのです。

母親が産まない選択をしたら、その時点で子供は〝自己犠牲〟ということで自分の一生を諦めます。あちらの世界で一生懸命、計画を立てた盛りだくさんの一生ですが、大好きなお母さんのために諦めてくれるのです。

ですから、もしも中絶をしたのであれば、子供にかける言葉は「ごめんね」ではなく「ありがとう」です。

この自己犠牲という行為は、大変崇高なもので、一気に霊格が何段階も上がります。しかも自己犠牲を行うチャンスというのは、そうそうありません。子供のほうも、すごく生まれたかったけれど、生まれてお母さんを困らせなくてよかった、そして自己犠牲という尊い修行が出来てよかったと思っています。魂のままですから、純粋なのです。

というわけで、かける言葉は「人生を諦めてくれて、自己犠牲をしてくれて、ありがとう」です。それを母親がいつまでも「ごめんね」「ごめんね」と謝ってばかりだと、母親のその罪悪感をなんとかしてあげようと、子供はなかなか生まれ変わりに行けません。

もしも罪悪感を持っている方がいたら、罪悪感は今すぐに捨てて、感謝の気持ちに変えてあげて下さい。すると子供は安心して、次の転生へと行けるのです。

生まれていなくても、大好きな母親です。自分のために罪悪感を持っているとしたら、生まれ変わりを待ってまで、その罪悪感をなくしてあげようとしています。母親が何とか気づくようにしています。

このようなピュアな魂に対して、「祟るかもしれない」と恐れおののくのは言語道断だと私は思います。子供が可哀想すぎます。

流産・死産も子供の自己犠牲がほとんどです。

人間である親にはわかりませんが、お腹にいる子供はまだ魂ですので、先までわかります。生まれたら、親が将来困ることになってしまう、親が悲しむことになる、苦しむことになる、となると自分を犠牲にして親を救います。

例えば、妊娠してみると予想以上に母体に負担がかかり、出産がきっかけで母親が病気になる、となれば親を思う気持ちから、自分で去って行きます。大好きなお母さん、なのですから何としても助けたいのです。

ですので、流産・死産の場合も「私が悪かったのかも」という罪悪感を持つのはよくないです。崇高な我が子に、感謝の気持ちで「ありがとう」と言うべきなのです。

流産・死産をして、すぐにまた妊娠しない場合は、子供の人生の予定と生まれる時間が合わないとか、あちらの世界の事情があるので、これも自分のせいだと責めるのはよくないです。

魂のまま帰って行った子供たちの供養についてですが、基本的には日々の供養や、年に一回の命日とかの供養はいらないようです。人間になっていないし、親のために自分が犠牲になったという高度な修行をしたので、命が消えた瞬間に成仏しています。すぐに代わりとなる次の転生の準備に入るようなので、地上をウロウロしていません。

ただ、ここは私にもなぜかという理由はまったくわからないのですが、年忌はしてあげないといけないみたいです。生まれていない場合、13回忌までに転生していくようなので、13回忌まで供養してあげれば大丈夫だと思います。1周忌、3回忌、7回忌、13回忌の4回です。

一度も供養をしていなくて、13回忌が過ぎてしまった人は、念のために17回忌か25回忌で一回してあげたほうがいいと思います。

ちなみに年忌をしなくても、子供は恨んだり怒ったりしません。

供養についてですが、大がかりな法要は必要ではなく、母親が心をこめて写経を一枚してあげるだけで十分です。写経が出来るお寺が全国にあると思いますが、そこへ行って、心をこめて書きます。500円とか1000円とかの、ごく普通の写経でいいのです。

高額な水子供養をしなくても……というか、心をこめて手作りの供養してあげるほうが子供は喜びます。生まれてきていないので、普通の法要は必要ないのです。

写経用紙はそのままお寺に奉納して帰れば、お寺のほうでちゃんとお経をあげて供養してくれるので、それが立派な年忌供養になります。もしも、自宅近くにそういうお寺がない、という場合はネットで写経セットを販売しているお寺があります。自宅で書いて、そのお寺に返送すれば、お寺側で供養してくれるというものです。

以前、奈良の薬師寺に行った時に、通販でもちゃんと供養をしているという説明をされていたので、出かけていくことが出来ない方はそういう方法でも良いと思います。

肝心なことは、年忌をしてあげようという我が子を思う母親の愛情です（父親でももちろん子供は喜びます）。その気持ちがあれば、通販だろうが何だろうが、尊い般若心経を我が子に送れますので大丈夫です。

生まれることが出来なかった我が子にありがとうと感謝し、次の転生では愛情あふれる良い環境に生まれますように、と心から願う親心は、生まれ変わりをサポートする神々にも届きます。これ以上の供養はないと、私は思います。

第8章 神様に可愛がられている自分に気づく

宗教にこだわらない信仰

宗教の存在はありがたいです。つらい時、苦しい時の救いになるし、生きていく上での道しるべにもなります。癒されることもあるし、実際に神社仏閣、教会にいけば心が落ち着く、という人も多いのではないでしょうか。

幽霊に憑かれた時に助けてもらえることもありますし、大いなる存在のおかげで謙虚になることも出来ます。感謝する機会を与えてくれることも多いです。

しかし、今言ったことと、組織化した宗教団体に加入することは別問題だと思います。

私はどこの宗教団体にも属していませんが、神社にいる神様も、高いお山に人知れずいる神様も、仏教の仏様も、一神教の唯一無二の神様も、キリストも、すべて心から信仰しています。私が尊敬する人は、マザー・テレサとダミアン神父で、どちらもキリスト教徒です（空海さんや最澄さんは仏様になっておられるので、尊敬ではなく信仰の対象です）。

私は、どれか一つだけが真理、とは思っておりません。独自の宗教観を持っています。

信仰というものは、基本、自分と神様、自分と仏様の関係です。経典や聖書などの内容の解釈は、それを勉強した人に教えてもらう必要があるのでしょうが（それも私は自分の解釈で良いと思っています）、神様や仏様を〝敬う気持ち〟〝信じる心〟は、人に教えてもらうことではないと思います。

経典や聖書をしっかり勉強しているから、また、内容を把握しているから、その人のほうが勉強をしていない人より〝格上〟もしくは、その人たちのほうが神仏に近いとする組織的発想には疑問を持っています。

宗教で指導的立場にある人は、たしかに経典や聖書や神々の由来などに詳しいと思います。でもそれは、先駆者である人間が作成したものであり、神仏がじかに作ったものではありません。経典などに詳しいことと、実際の神仏とは別なのです。

宗教組織のトップにいて、〝宗教〟に詳しい人よりも、道端のお地蔵さんに一心に手を合わせているお年寄りのほうが、神仏を敬う心は、はるかに純粋で強いかもしれません。そのお年寄りのほうが神仏には可愛がられているかもしれないのです。

宗教組織は先駆者たちがしてきた勉強内容を知るにはいいと思いますが、神仏自体は自分で模索して、自分で実感して、知っていくほうが良いのではないかと思います。

組織に入ると、変に人の宗教観が入ってしまうので、純粋な思いが歪む場合もあると思います。

神仏を敬う気持ち、信仰する気持ちに上下はありませんし、正しい方法というものもないと思います。その証拠に各宗教によって戒律が違いますし、同じ宗教でも宗派によっていろいろと違います。ですので、信仰は自分のやり方で良いと思います。

道端のお地蔵さんにそっと手を合わせるお年寄りの美しい心を神仏はちゃんと知っておられ、微笑んで見ています。参拝手順を間違ってるなぁ、あかんな～、などと機嫌をそこねるお地蔵さんはいないでしょう。

それと私が強く思うのは、たった一つだけの宗教に偏るのはもったいない、ということです。各宗教、それぞれに良いところがありますので、良い部分だけいただいて受け入れ、幅広く柔軟性をもって信仰していくほうが、魂は深くなれるように思います。

自分の魂が感じるままに、組織に左右されないピュアな直感を指針にして、好きだと思う神仏を信仰する……それが正しい宗教ではないかと思います。

霊感は特別な能力か

少し前ですが、いただいたメッセージの中にこう書かれていたものがありました。

「見えない世界が見えるということは、あなたの霊格が高いということなのでしょうか？　私には何も見えないし、聞こえません」

そんなことはないです。修行なしに見える見えないは〝体質〟による部分が大きいと思います。

家系によって、見える人が多くいたり、全然いなかったり、という差があるところからもおわかりいただけるのではないでしょうか。私の場合は祖母の体質を受け継いだだけで、決して霊格が高いからではありません。

この霊感は自分の努力で変えられます。その人が生来持っている、感じることが出来る範囲を広げたり、感度をよくしたり、ということは可能なのです。

私の若い頃は、低級霊や幽霊しか見えないし、わかりませんでした。来るものを拒めないので、怖い思いもたくさんしました。これではいけないと思い、幽霊とは波長を合わせないと強く心に決め、この決意だけでもかなりの効果がありました。

それから、修行とまでは言えないかもしれませんが、いろんな努力をしてきました。山岳系神様に会うための単独山登りがそうですし、多くの神社仏閣を訪れたり、菜食修行もやりました。もちろん見えない世界の勉強もしましたし、瞑想などもしました。

人の悪口を言わない、怒らない、不平不満を言わない、などの精神修養も頑張りました。

すると、徐々に霊感の感度が良くなり、アンテナが神仏にフォーカスして合うようになったのです。でもこれは、常に一定というわけではありません。すべてがクリアにハッキリわかる・見える・聞こえるという時もあれば、非常に曖昧としていて、何となくしかわからないという時もあります。

面白いのは、髪の毛は霊感と関係があるらしい、ということです。

私は小さい頃からずっとショートヘアでしたが、一度、ロングヘアにしてみたら、霊感の感度がものすごーく上がりました。その時はコントロールが出来ない時期だったので、幽霊ばかりがやたら見え、これはたまらないと思ってバッサリ切りました。

弟の嫁にその話をした時に、「やっぱり、そうなんだ！」と言うので、何かと思ったら、嫁は逆の経験をしていたのです。嫁も多少見える人ですが、子供の頃からずっとロングヘアをしていて、一度ショートにしたら、感度が鈍くなったと言っていました。

どうやら髪の毛にはアンテナの役目があるようです。

自分には霊感がないと思っている人も、実はしっかり感じる力を持っています。嫌な感じがするとか、あっちへ行きたくないとか、この神社は清々しいとか、ちゃんと正しく感じているのですが、自分で〝霊感がない〟と思い込んで、フタをしてしまっているので、それ以上伸びないのです。

霊感は誰にでもあります。それに気づいて育てるかどうかの違いだけなのです。

まれに、本当に霊感がまったくない人がいますが、それはそれですごいパワーを持った人だと思います。霊の気配を完全に感じないようにするのは、相当なエネルギーがいるからです。

霊感なんてないほうがいい、という人がいますが、たしかに幽霊しかわからないのであれば、ないほうがいいと思います。憑依されることもあるので、体に障りが出たりします。

でも、努力して、神仏がわかるようになると、霊感は断然あったほうがいいです。

そこに到達するコツは、自分には霊感がない、と決めつけないことです。ちなみに、謙遜して口で言うだけでも良くないです。耳で聞いて、暗示がかかってしまうからです。

コツコツと神社やお寺に参拝に行くのは、小さな修行です。地道に参拝を重ね、感度を上げるのもいいと思います。そこに、悪口を言わないとか、道に落ちているゴミを拾うとか、自分で出来る努力を加えると、それも一種の修行という研磨剤ですから、どんどん磨かれていきます。

霊感がある人、見える人が特別というわけではないし、ましてや、わかるから霊格が高いなどということもありません。みんな同じなのです。体質的によくわかる人を除けば、あとはやり方を知っているかどうかの違いだけです。

神社参拝の恩恵

元夫と一緒に出かけた時に、珍しく宗教についていろいろと質問をされました。

「オレ、寺と神社の区別がいまだにつかへんねんなー」

元夫は生まれた時からクリスチャンで、親もクリスチャンのため、他の宗教と触れあうことなく育ちました。よって、仏教や神道のことは一切知りません。

私と一緒になって、幽霊の存在や神社の神様を信じるようになりましたが、他のことは積極的に知ろうとしないので、詳しいことはわからないままのようです。

お寺と神社の見分け方は何回も教えているのですが、興味が薄いせいか頭に残らないみたいです。

で、驚いたのが次の質問です。

「なんで寺と神社に分けてるん？」

「は？」

なんと元夫は神社が仏教ではないと知らなかったのです。いや〜、ビックリしました。そうか、そこからわかっていなかったのか、と思いました。

元夫は、神社がお寺とは違う宗教であると聞いて、

「ええーっ！　違う宗教なん？　仏教の人は違う宗教にお参りに行ってええの？」

と、目を真ん丸にして聞いてきました。クリスチャンにとって、神社で手を合わせるなど、他の宗教をやることは「罪」になるのだそうです。

神社に参拝に行くのは、そういう〝ガチガチの宗教〟をしに行くわけではなく、もっとおおらかなもので……と説明をしていたら、

「でも神社で説教を聞くやろ？　聞かへんの？」

と、新たな質問をしてきました。

「聞かないけど？」

「えぇーっ！」

と、いちいちうるさかったのですが、教会では牧師さんや神父さんが教え諭す説教を聞くのが当たり前なので、その感覚なのだと思います。

神社の神様っていうのは、一応、神道という宗教にはなっているけれど、聖書みたいなものがあるわけではなく、神様を信仰する人を縛るようなルールもなく、誰でも参拝に行っていいもので、他の宗教のように、宗教宗教していないのだと説明しました。

「で？　仏教の人は、神社にお願いを叶えてもらいに行くん？」

それもあるけど、それだけじゃなくて、神社にはたくさんの恵みというか、いつくしみというか、ありがたいことがある、ということを話しました。

ここではそのことをまとめてみたいと思います。先に書いておきますが、神社には相性というものがあって、自分と相性が良くない神社というものも、〝まれに〟あります。ですから、これらの効用は相性が良い神社で受け取れるものだとお考え下さい。

最初は、波動関係の恩恵です。高級霊である神様がいる神社の神域は、とても波動が高く、そこに入ることで、私たち人間の波動も上がります。

1回きりの参拝だけなら、2~3日しか高い波動は維持出来ませんが、神社参拝を何回も繰り返していると、神域内にいる時だけでなく、日常の自分の波動も徐々に上がっていきます。同じ神社に繰り返し行くのもいいし、あちこちの神社を多く訪れてもいいです。

波動が上がると何がいいのかと言いますと、まず、幽霊に憑依されることが少なくなります。幽霊は波動が低いため、波動の高い人に憑くことが難しいのです（幽霊を見たいと思わないことが条件です）。

さらに、高い波動になると神様（仏様も含みます）とつながりやすくなります。

最初は、すがすがしい気分になるとか涙が出るとか、そういう感覚で神様を感知しますが、そのうち、神様がこう言ってるような気がするとわかるようになり、それが徐々に明確になっていきます。ちなみにこれは、1年とか2年の短期間でそこまで到達出来るものではありません。少しずつ、徐々にですから、時間はかかります。

神様と少しでもつながることが出来るようになると、守護霊ともつながりやすくなっていきます。守護霊も霊格が高いので、低い波動でコンタクトをするのは難しいのです。

守護霊とつながると、苦しんでいる時やつらい時に、そばにいて優しく見守っていることがわかるようになります。それがわかると、困難に立ち向かう勇気や、元気も出てきます。

波動が高くなることでありがたいのは、免疫力のアップです。免疫力が上がることで病気にかかりにくくなり、少々の病気なら治ってしまうこともあります。反対に波動が低くなれば、免疫力は低下し病気になります。

神社でいただける恩恵として、次に紹介したいのは、〝悪いもの落とし〟です。神様の力が作用する神域に身をさらしていると、体についた黒い汚れが落ちます。

この黒い汚れには2種類あって、一つめは人に飛ばされた良くない念です。他人からの、悔しい、妬ましい、ムカつく、不幸になればいいのになど、悪想念が飛ばされると、その悪い念はその人に溜まっていきます。

この念はたくさん溜まってくると体調を崩すこともあるので、塩風呂でこまめに落としたり、はね返すグッズで防御したりすることも大事です。それでも溜まってしまうので、神社で時々、一掃してもらって、体に影響が出ないようにしたほうがいいです。

これらの念が強いと感じたり、ガンガン飛ばされていると自覚がある場合は、手を合わせた時に祓ってもらえるよう神様にお願いをします。二礼二拍手のあとの、最後の一礼は深々とすると、その時に神様が一瞬でスカッと祓ってくれます。

黒い汚れの二つめは、自分が発した良くない念です。人に対して悪念を飛ばせば、自分にも同様に黒い汚れがつきます。

なるべくそういう念を持たないように気をつけていても、そこは人間ですから、つい、良くないことを考えてしまうと思います。その汚れも神域は落としてくれます。ついでに、神域内では、軽く憑いている幽霊なども落ちます。

神社には癒しの恩恵というものもあります。風を心地よく感じる、木々がキラキラと美しく見えて癒される、幸せを感じるなど、心がほのぼのとするようなことは、神様が可愛がってくれている、その愛情を他の感覚に変換して受け取っているのです（歓迎のサインというパターンもあります）。

意識の上では「気持ちいいなぁ」と、快い感覚というだけですが、魂は神様が自分を歓迎して可愛がってくれていることをちゃんと正しく受け取っています。ですからこの時に、魂はとても癒されているのです。

人間関係やつらいことなどで心がすり傷だらけになっていても、この癒しで、目には見えませんが傷は治っています。傷が治ると、また同じだけのすり傷がつくくらいまでは、なんとか頑張れる、というわけで、この癒しも大変ありがたいものです。

さきほども書きましたが、神社やお寺に行くことは、それだけでも小さな修行になっています。参拝するということは、波動を上げてもらい、黒い汚れを落としてもらい、癒しももらって、さらに修行までさせてもらえるのです。

そのうえ、願掛けによる願いの成就というプレゼントもあったりして、なんだか至れり尽くせりなのが、神社参拝なのです。

たくさんの神社がある日本に暮らしていることは、大変ラッキーなことであり、その恩恵をいただかないのはもったいないです。神様にご縁をもらえれば、緊急時に助けに来てもらえるなどの、さらにあついご加護もいただけます。

神様の懐の深さ、優しさ、惜しみない愛情など、もっと多くの人に知ってもらいたいと思い（元夫のように知るチャンスがなかった方もいらっしゃると思うので）、神様にいただける恩恵をまとめてみました。

お参りの方法

神社にお参りに行ったからといって、参拝客全員の願いが叶うというわけではありません。宇宙の法則の唯一無二の絶対神は、人間一人一人を全員把握しています。この神様には見落としがありません。

しかし、神社の神様は唯一無二の絶対神とは違って、高級霊です。参拝に来た全員の願いを叶えるのは難しいというのが現状です。

例えば、初詣では何十万という人が……有名神社になると何百万という人が参拝に行きます。願いを叶えてもらえるのは、そのうちの何割かの人々です。

願いを叶えてもらえる一部の人と、叶えてもらえない「その他大勢」に分かれるわけです。そこは仕方がないことだとおわかりになられると思います。

もしも願いが叶わなかった場合、まだその時期ではないとか、願いが叶うと不幸になってしまうとか、生まれる前に自分で決めてきた人生計画に反する、などの正当な理由があります。

しかし、自分の態度が、願いが叶うのは次回以降となる「その他大勢」に入れられた原因となっている可能性もあります。とりあえず、「その他大勢」にならないようにしたいものです。

そのためには、神様に不愉快な思いをさせない、つまり礼儀正しい方法でお参りをすることが大事です。失礼のない正しいお参りをすると、それだけで一般の人とは違うので、神様は目をかけて下さいます。

まず、生理中は参拝しないというのは、最低限の礼儀になります。

子供を産むためにある生理だし、生理中は来るなという神様は心が狭い、神様はそんなことは気にしないと思う、という人がいるかもしれませんが、高級霊の神様にとって「生理」と「死」は穢《けが》れなのです（汚れているという意味ではありません）。

実際に、神様が嫌がっているのですから、人間の勝手な考えで「いいと思う」と行くのは失礼になります。

また、参道の真ん中を歩かない、手水で手を清め、お賽銭は投げない、拝殿では二礼二拍手一礼をする、これは基本です。

作法は大事ですが、作法通りにすればお願いを必ず聞いてもらえるわけではありません。神社の参拝で重要なのは、「なぜ」という理由と「ご挨拶」です。

神様のところに訪問をするのですから、人間のお宅を訪問するのと同じで、挨拶をしないのは失礼にあたります。自己紹介という形でちゃんとご挨拶をする、これが一番重要なのです。

平野部にある神社なら最初の鳥居をくぐったところから、自己紹介を始めます。口に出す必要はなく、心の中で大丈夫です。自分はどこから来た誰なのか、なぜその神社を訪れているのか、その願いを叶えてほしいのはどうしてか、などを細かく言います。

お願い事をするからには、その理由をちゃんと言うべきなのです。ここは正直に、詳しくお伝えします。

例えば、資格試験に受かりたいとすれば、その資格を取りたいと最初に思ったのはどうしてか、その後何をどのように考えて試験を受けることにしたのか、受験するにあたってどのような努力をしてきたのか、受かったらどうなるのか、落ちたらどうなるのか、その資格を持っている人はどんな人なのか、自分の将来にとってその資格はどう使われるのかなど、ありとあらゆることをお話しします。

会社の人間関係の修復のお願いなら、誰がどう言った、こんなことをされた、私はこう思ったこう感じたという状況説明から、そのストレスで自分はどんなに苦しいのか、社内の雰囲気はどうか、仕事への影響はどうか、仕事を辞めるわけにいかないのはどうしてか、など本当に何も知らない知人に話すようにしっかり説明をします。

本気で願掛けをする時は、神様に対して失礼がないようにキッチリすべてを話すべきであり、そのためには、友人や家族とワイワイおしゃべりをしながら参拝するのはお勧め出来ません。

神社の神域でせっかく良い「気」を浴びていても、会話の内容によっては、良い「気」を跳ね返したりするので、神域内は黙って一人で歩いたほうがいいと思います。神様から何かアクションがあっても、歓迎のサインをもらっても、おしゃべりをしていたら気づかずスルーしてしまうことがあるからです。

なんだか神様が微笑んでいるような気がするとか、すがすがしい感じがするとか、五感を研ぎ澄ましていないとわからない感覚だったら、感じ取れないかもしれません。

神様の声を聞く能力があるのに、おしゃべりに夢中で聞き逃しているかもしれないのです。もったいないです。ですから、入口までは友達や家族と一緒に行っても、参拝は分かれて一人でするか、もしくは、おしゃべりはやめて静かに歩くことがお勧めです。

参道でご挨拶となる自己紹介を十分にしているので、拝殿では自己紹介はせず、もう一度丁寧にお願いをします。丁寧に話していると長くなるため、周囲の目が気になるところですが、ここは神様が優先です。

手を合わせ終えて、「じゃ！　神様、さようなら」とすぐに帰るのではなく、しばらくは境内をブラブラして、良い「気」をたくさん浴び、波動を上げてもらいます。

帰る時も、鳥居までの参道を歩きつつ、「今日はお参りさせてもらえて嬉しかったです。ありがとうございました」と話しかけます。また来る予定があるなら、そこでお話をします。予定がわからなければ、また来たいと思うがいつになるかはわからない、と正直に言うといいです。

山岳系神様の場合は山を登りつつ、自己紹介をします。山登りは時間がかかるので、たくさんの話を細かくします。願い事にしても、いろんな角度から説明してわかってもらいます。下山をする時には同じく、参拝させてもらえたお礼を言います。

山を登っていると、たまに滝修行をする場があったりします。その時は、左手と右手を片方ずつ落ちてくる水に当て（可能なら足にも当てます）、最後に2～3滴でいいので、左手に水をためて頭頂部に落とします。もし体に悪いところがあるなら、そこにも水をピタピタと塗ります。

これで「簡易滝修行」になっています。身が清められ、体が良い波動になるので、滝があるお山はラッキーです。

失礼のない礼儀を踏まえたこの参拝をすれば、神様に初回からご縁を結んでもらいやすくなります。つまり、守ってもらえるというか、目をかけてもらえるというか、可愛がっていただけるようになるのです。

いきなり神社にやってきて、どこの誰かも名乗らず、話は省略しまくりで「商売がうまくいきますように」とだけ言い、作法の二礼二拍手一礼はしたからいいでしょ、ハイ終わり、帰ろ、という参拝の仕方は……大変失礼です。

「私がどこの誰なのか、どんな商売をしているのか、うまくいくというのはどういう状態のことか、全部、神様のほうで調べて下さいね、それで私が考えている通りに願いを叶えて下さいね」と言っているわけですから、相当な無礼者ですね。それなのに、多くの人が普通にこれをしているのです。その他大勢にならないために、無作法な人にならないためにも、こういう参拝の仕方はやめたほうがいいと思います。

具体例としてのお参り

内容は個人的なことなのでここに書くことが出来ませんが、奇跡に近いお願いを叶えてもらえたのは、熊野本宮大社・那智の飛瀧《ひろう》神社・玉置《たまき》神社の三社参りをした時です。

三社参りと言っても一般のものとは違っています。これは私と相性の良い、強いパワーを持った神様がいる三社です。普通は玉置神社ではなく速玉《はやたま》大社であり、飛瀧神社ではなくそのそばにある那智大社が「三社参り」の神社となっています。

この中のメインは熊野本宮の神様です。奇跡など平気で起こせる力をお持ちです。この神社に行かれる方のために、私の参拝の仕方を詳しく書いておきます。

初めて参拝する時は熊野古道を歩いて、境内に入ったほうがいいです。何本か古道があるのですが、私が利用しているルートが一番歩きやすいようです（時間にして2時間ほどで、歩くのが早い人は1時間40分くらいです）。

まず車で本宮大社まで行きます。そのまま参拝をすることは避け、そこから一旦バスに乗ります（熊野本宮前にバス停があります）。

「発心門王子」という最終のバス停まで行き、そこから古道を歩いて本宮に入ります。ちなみに古道の入口は、バス停から少し後ろに戻ったところです。バス停のすぐ横に鳥居がありますが、そちらに入ってしまうと全然違う方向へ行きますので、ご注意下さい。

神域を歩くことで神様の波動になじむというか、波長を合わせやすくなりますし、神域に長くいるので自分についた黒い物（他人から飛ばされた悪念や、自分が良くない感情を持ってついた黒い汚れ、憑依しているものなど）が落とされて浄化されます。

2回目以降は、山歩きはしなくても大丈夫ですが、神様とよりつながりやすくなるので、時間と体力があれば古道歩きをしたほうがいいです。

歩きたくても歩く体力がない方や、体が不自由な方もいらっしゃると思います。そういう方は鳥居をくぐってから参道をゆっくりと歩き、石段では時々立ち止まったりして、境内の空気に長く体をさらしてから、社殿にお参りするといいです。

社殿は4つありますが、私が手を合わせるのは第3殿、見た目が真ん中の社殿です（第1殿と第2殿が大きな一つの神殿になっているため、第3殿は左から2番目です）。

手を合わせたあとはすぐに立ち去るのではなく、後ろの塀のところまで下がって、神様の波動で自分の波動を上げてもらいます。門の横に立つと（神殿に向かって右側です。ここが一番パワーが強いです）、神様と交信しやすくなります。

本宮にお参りしたあとは大斎原《おおゆのはら》に行きます。ここは昔、本宮があった場所です。大きな鳥居をくぐって行くと、右手に本宮跡の敷地がありますが、そこに入る前に、まずは、そのままっすぐ進んで河原に出ます。川のよどんでいないところで、水をすくって手を清め、２〜３滴を頭頂に落として、体全体を清める簡易滝行をします。

それから大斎原に行って、もう一度本宮でお願いしたことをお話するといいです。この場所は訪れる人が少ないため、神様とじっくりお話したい方にお勧めのスポットです。

大阪近郊の山岳系神様で力が強い神様はどこになりますか？　と聞かれたことがありますが、私個人の意見としては、生駒の神様かな、と思います。

といっても、大阪近郊のすべての神社を訪れたわけではないので、もしかしたらもっと力が強い神様がいるのかもしれませんが、現在私が知る中では生駒さんがいいと思います。ここはちょっと無理をしても、出来れば山を歩いたほうがいいです。

というのは、生駒山系に山岳系神様はいるのですが（生駒山ひとつに宿る神様ではなく、生駒山系に連なる山々の上にいる神様です）、中腹にあるのはお寺で、ここに神様が鎮座しているわけではないのです。

宝山寺には神社様式の建物の聖天堂と、お寺のお堂が隣り合わせに建っています。私はいつも、歓喜天（聖天）さんがおまつりされている聖天堂にお参りしています。聖天さんは一生に一つ、必ず願いを聞いてくれると言いますし、力もあるので、まずこちらでお願いをします。

この聖天さんは、生駒山系の山岳系神様のもとで働いているので、神様に道は開いていますが、ここでは神様とはつながりにくいです。

宝山寺の敷地内で山岳系神様への自己紹介は必要ありません。そのまま入って、お参りするだけで大丈夫です。神社様式の建物の聖天堂に入って、座って、手を合わせてから、聖天さんに自己紹介をします。

ルートとしては、ケーブルカーで中腹の宝山寺まで行き、お参りをして、その後、宝山寺を出た所で、宝山寺に向かって左側にある細い山道を登ります。

途中に「岩谷の滝」という修行場がありますので（山道から一日、線路を渡って行きます）、そこで簡易滝行でいいので身を清めさせてもらいます。ここの滝は非常にパワーがあります。本当に病気を癒す力があるので、行かないのはもったいないです。

そこからまた山道に戻ってそのまま頂上まで行きます。この山頂までの道で、生駒山系にいる山岳系神様と交信が出来ます。神様に詳しい自己紹介をして、お願い事をします。

山頂までは30分程度です。ただ、勾配が急なため、歩くのはちょっとしんどいです。この道を歩きながら、神様に話しかけると確実に聞いてもらえます。山頂は遊園地になっているため、山頂に着く前に自己紹介もお願い事も済ませます。山頂からはケーブルカーで下山をしてもOKです。

摂社と末社

神社の参拝順序について書いた時に「摂社や末社にも参拝順序があるのでしょうか？」という質問をいただきました。「摂社などをスルーする事は失礼になるのでしょうか？」という、似たような質問をもらったこともあります。

摂社・末社とは、メインの本殿とは違う、神社の境内の中にある小さなお社のことです。

えーっと、実はですね……私は摂社や末社には、ほとんど手を合わせていないです。面倒くさがりな性格ということもあるのですが、神様と会話をするための霊的エネルギーには限りがある、という理由からです。本殿のメインの神様にだけ手を合わせて、そのまわりにある小さなお社はスルーしています。

伊勢神宮のような広い敷地であれば、せっかく来たんだし、散策がてら他のお社も見てみようかなと回ってみますが、他の神社ではほぼスルーです。

「ええーっ!?　それっていいの？」と思われた方が多いと思いますが、今まで一度も怒られたことはありません。大丈夫です。

出雲大社の摂社も、「ほー、床が高く作ってあるのね～、弥生時代はこういう建物に住んでいたんだよね～」などと言いつつ、お社をぐるりとひとまわりしましたが、手は合わせておりません。

「ひー！　それって失礼なのでは？」と思われるかもしれませんが、何も文句は言われませんでした。

メインの神様にしっかり自己紹介とご挨拶をすれば、境内にいるその他もろもろの神様や、眷属にまでその声はすべて届いています。それが神域という空間なのです。

それに加え、摂社や末社は日中、空っぽになっているところが少なくありません。本殿と摂社末社のお社は別になっていますが、お仕事は同じことをしているという神社があるのです。そのような神社では、摂社末社の神様も本殿にいて、そこでお仕事をされています。

本殿でしっかり手を合わせてご挨拶をすれば、メインの神様をはじめ、摂社末社の神様、眷属にまで全員に聞こえているので、わざわざ摂社末社を一社ずつ回らなくてもいいというわけです（もちろん、回ってもいいです)。

山形県の羽黒山《はぐろさん》だったと思うのですが、立派な末社がずら～っと並んでいて、末社といえども全員、力がある神様のようでした。「スルーして大丈夫か？　私？」と思いましたが、一社一社に手を合わせて挨拶することを思うと、それだけで疲れたので、「もういいや」とそのまま素通りしました。

でも、どの神様も何も言わず、もちろん怒られたりもしませんでした。その神社の親分であるメインの神様に失礼がないように手を合わせていれば大丈夫なのです。

「摂社や末社にも参拝順序がありますか？」という質問ですが、もし私が回るとしたら、「本殿↓摂社↓末社↓本殿」の順番かな、と思います。

最初に本殿でしっかりご挨拶やお願い事をしておいて、摂社、末社では「よろしくお願いします」とか簡単な言葉でお参りすると思います。そして、最後にもう一度、本殿に手を合わせて帰ります。

摂社も末社も、すべてのお社にきっちり手を合わせるのが正式な参拝かもしれませんが、スルーしたとしても失礼にはなりませんので、あまりガチガチに考えなくてもいいのでは、と思います。

願掛け

神様に願掛けをするにあたって、「同じお願いをあちこちの神社でしてもいいのでしょうか？」という質問をよくもらいます。

まったく問題ないです。ただ、その願いが叶った場合、どこの神様が叶えてくれたのかがわからないので、すべての神社にお礼に行かなければなりません。

私も同じお願いをあちこちの神社でしたことがあります。それは最初にお願いをした神様を信じていないということにはならないし、それだけ必死であるという状態を神様にわかってもらえますから、逆に良い効果があるように思います。

「お願いは一つの神社に一個でしょうか？」ということもよく聞かれます。

いくつものお願いをしたとしても、バチが当たるわけではないし、構わないと思うのですが……お勧めは出来ません。「神様、あれもこれも、この願いも叶えて下さい」と、たくさん言うと、そこに欲張りである人間性が出てしまいます。

参拝客はみんな謙虚に、たった一つのお願いだけを言って帰ります。つまり、祈願成就を一つだけ下さい、とお願いをしています。そこで「私には祈願成就というお宝をいくつも下さいね、あれもこれもたくさん欲しいんです」と言うのはあまりいいことではないように思います。

いくつも願掛けをしたいのであれば、神社を変えます。あちこちを参拝する時に、「一つの神社に一個の願掛け」を守りつつ、こっちの神社には縁結び、あっちの神社には金運……というふうに、神社別にすればいいのです。

「願いが叶ってお礼に行き、そこで違うお願いをするのは失礼でしょうか？」ということも質問されますが、これも全然失礼ではありません。

お礼に行くということは、その神様が助けて下さったことに対して心から感謝をしている、という意思表示です。その神様を深く信仰していることを意味します。神様の力を純粋に信じているからこそ、もう一回助けて下さい、と拝むわけです。

「お願いが叶えられて救われました。どうか新しいお願いもよろしくお願いします。このお願いはこれこれこういう訳で叶えてもらいたいのです」

と、細かな事情まで詳しくお話し、謙虚にお願いをすればまったく問題ないです。というか、また叶えてもらえる可能性が高いです。

「神社で個人的なことをお願いしてもいいのでしょうか」という質問もよくいただきます。

個人的ではないこととは、国家安泰や世界の平和を意味していると思うのですが、神様にも規模があります。簡単に言うと、大きな規模の神様に小さなお願いは何でも叶えられますが、小さな規模の神様に大きな願いは叶えられないのです。

氏神様のようにその地域一帯を守る神様は、地理的に守る範囲が決まっています。交通安全や学業成就専門の神様は、願いを叶える得意な分野があるわけです。

学業を専門とする神様に、「病気が治りますように」というお願いなら、得意分野ではないにしろ、超高級霊の神様ですから、それくらいの願いは十分叶える力を持っています。

しかし、世界の平和となると、日本だけでなく西欧諸国、南米、中東、アフリカに住む隅々の人のことまで全部ケアして下さい、ということになります。規模が大きすぎて「それ、ワシの管轄ちゃうねんけど……」となります。

でも、どんな内容にしろ願うのは自由です。私はどこの神社でも、個人的なお願いをバンバンしています。「伊勢神宮でも大丈夫でしょうか？」と聞かれますが、大丈夫です。

ただ、ここの神様は大変忙しくしておられますし、参拝客が全国から大勢来るので、叶う確率は低いかもしれません。忙しい神様は本来のお仕事が本当に忙しく、人間のお世話をたくさん出来ないからです。

伊勢神宮で個人的なお願いをすることは悪いことではありません。この神様にはこのお願いしかしてはいけない、こういうお願いはダメ、という決まりはないのです。

この部分に関しては、人間側が……言葉はキツイのですがあえて表現をすると、人間の分際で、あれこれ考えることではないと思います。

もしも、国家安泰しか願ってはいけない神様がいたとします。そこで「神様、どうか○○大学に合格させて下さい。今まで一生懸命、勉強してきました。試験当日までまだまだ頑張って必死で勉強します。当日、体調が悪くなりませんように。合格しますように。神様、どうかお願いします」と願掛けをされて、その神様は怒ったり不愉快になったりするでしょうか？

「ワシ、国家安泰が専門やけど、ちょっとこの子の試験について行って、合格さしたろかな」と願いを叶えてくれるのではないかと思います。神社のほとんどは、このような感じの優しい神様だからです。

「国家安泰しか願ごうてはいかんのに、こいつ、合格祈願しよった　許せん！」などと言う神様がいるわけないです。人間でもそこまで心が狭い人は、なかなかいないのでは？　と思います。

ただ、神様がいくら叶えてあげたくても、どうしても手助け出来ないものもあります。カルマの関係上叶えられない願い、その人の人生の計画が狂ってしまう願い、叶えると将来不幸になる願いなど、理由はいろいろです。

そのような複雑な事情は、すべて〝神様が〟判断して下さいます。ですので、神様にお願いをするのは、こうだからダメ、ああだからダメなどと考えず、すべてを神様に預けて、何もかもお任せして、無心にお願いをすればいいのです。

忘れてはいけない、お礼をすること

昨年の2月に母が近所の70歳くらいのオジサン（私とは面識がありません）と交わした会話です。

「今年は初詣に行ってへんから、近いうちにどこかの神社にお参りに行こ思てるねん」

「そういえば、今度うちの娘が出雲大社に行くって言ってたわ～」

「出雲大社か～。あっこの神さんはええ神さんやで！　ワシ、3年続けて出雲大社に初詣に行ったんや」

「あんな遠いところまで？」

「そうや。遠いけど、娘がずっと結婚出来ひんかってなー。あっこは縁結びの神さんやからな」

オジサンは娘さんが良縁に恵まれますようにという願を掛けに、3年連続で出雲大社へ初詣に行ったのだそうです。そして、3年目に願いが聞き届けられ、娘さんは幸せな結婚をしました。

「縁結びの神さん言うだけあって、ごりやくあったわ～」

「それは良かったねぇ。でも今年はなんで行かんかったん？」

「なんでって、娘は結婚したことやし、もう用はないやんか」

ええーっ！　神様を用無し扱い？　と母は心底驚いたそうです。

「それ、ちゃんとお礼に行った方がいいんじゃない？」

「へ？　お礼？」

オジサンは「お礼に行く」ということを初めて聞いたようで、きょとんとしていたそうです。母は続けました。

「だって、人間でも、就職とか便宜を図ってもらえたらお礼をするやろ？　神様も一緒よ」

「ホンマやな。頼む時だけ、お願いしますお願いします、言うて、叶えてもろたのに知らん顔はアカンな」

「そうやろ？」

「でも、お礼って、どうするん？」

母はここで、そうか、普通の人は知らないのか〜と、改めて思ったそうです。

日本酒の一升瓶を出来れば２本（１本でも構いません）を、酒屋さんで薄紙包装してもらって、さらにヒモでくくってもらいます。のしも付けてもらい、「奉納」と書きます。それを祈祷申し込みのところにでも持って行って、渡せばいいから、と教えたそうです。

「そうか、わかった！　ありがとう。早速、来週行ってくるわ！」

と、オジサンはお礼をすることを知って喜んでいたそうです。

大きな願いを叶えてもらって、感謝を物で表したい時は、このようにして日本酒を持って行くといいです。でも、日本酒を持って行くとなると目立つし、恥ずかしい……と思われる方もいらっしゃると思います。そういう場合は無理してお酒を持参しなくても問題ありません。

お礼に行くだけでも神様は喜んでくれます。「でも、手ぶらで行くのはちょっと……」と申し訳ない気持ちになるかもしれませんが、時間と交通費をかけて神社に行き、お賽銭も入れるわけですから、それで十分、感謝の気持ちが物となっています。

願掛けの時に神職さんに祈祷をしてもらったから、お礼もまた昇殿して祈祷をしなくてはいけないのかというと、それもしなくて大丈夫です。

相手は神様です。お礼に来たことはわかっているので、手を合わせて、心から感謝を述べるだけでいいのです。わざわざお礼を言いに行く人は少ないので、行くだけでもとても喜んでもらえます。そのうえ日本酒などを持って行くと、その気持ちを神様は大変嬉しく思われます。

オジサンは最後にひとこと、こう言いました。

「お礼に行くことなんか思いつきもせんかったわ〜」

願いを叶えてもらったのに、まったく悪気なく、神様を用無し扱いしている人は意外と多いのかもしれません。

神様は、お礼に行かなかったとしても怒ったりしません。ですが、祈願が成就した際には、お礼に行くのが礼儀です。すぐに行かなくても構わないので、お礼は言いに行くべきだと思います。

小さな神社にお礼をする場合

大きな神社では、一升瓶のお酒にのしを付けて社務所に持っていけばいいのですが、「社務所がない、神職さんがいないような小さな神社やお社はどうすればいいのでしょうか?」という質問をいただきました。

社務所がなくて神職さんもいない神社だと、神様はお酒の奉納をもっと喜んで下さいます。このような小さな神社やお社の場合はワンカップのお酒のほうがいいです。

大抵の神社は、お社の正面に階段があります。そこの一番上に置きます。階段に柵がある神社もありますので、そういうところは柵から手を伸ばして一番上に置かせてもらいます。柵の向こうに置けない、という造りになっていたら、自分の手がとどく範囲で一番上の場所に置きます。

お賽銭箱の上に板状のものを敷いて、その上に置いてもいいです。

置く場所は必ず正面です。階段の幅より内側です。一升瓶にしろワンカップにしろ〝新品未開封〟を持って行き、お供えする直前に〝必ず〟フタを取ります。実際に飲める状態にしてからお供えをします。

お供え物をしておいて、それから手を合わせ、お礼なりお話をするなりします。先に拝んでおいて、次にお酒をどうぞ、ではありません。この順番は大事です。家の神棚でも仏壇でもそうですが、お供えをする時は先に置きます。

拝み終えて、3～5分すれば、片付けても大丈夫です。お供えしたお酒には神様の力が入っているので、持って帰っていただきます。

ワンカップで持って帰るのが難しい、という場合は、境内の隅っこにでも撒かせてもらい（お酒を撒く行為は失礼にはなりませんが、撒いてもいいのかどうかは神社によりますのでご確認下さい）、容器だけを持って帰ります。

お酒を捨てる時は、せめてひと口なめるだけでもしたほうがいいです。神様の力が入ったお酒なので、波動が高く、体に良い作用があります。それをいただかないのはもったいないです（飲む量に関係なく効果があります）。

お酒にしてもお供え物にしても、置きっ放しは大変失礼な行為になりますので、必ず持って帰ります。

お稲荷さんだったら、油揚げも一緒に持って行くことをお勧めします（注：必ず袋を開けてからお供えします）。

小さな神社の神様は、大きな神社と違って普段お供え物をされていないので、お酒の奉納を本当に喜んでもらえます。「お札」という形式にこだわらず、普段の参拝でも気軽に持って行くといいです。

小さな神社は、他に参拝客がいない、自分と神様だけの空間、というシチュエーションになることが多いです。このような時はいろんなことを感じ取りやすいので、神様アンテナを磨くチャンスです。神様がお供え物を喜んでくれた、ということを魂で感じてみることをお勧めします。

ちなみに仏様にお礼をする場合は、和菓子（まんじゅうとか、桜餅・かしわ餅・大福、楊枝で切っていただく和菓子、らくがんなど）か、果物が喜ばれます。おせんべいやあられ、洋菓子は喜んでもらえないので、やめておきます。

仏様の場合だと、ロウソクを灯す場所があると思います。さきほど書きましたように、まずお供えをしてからロウソクに火を灯し、お礼を言い、少しの間待って、先に火を消します。それから、お供え物を片づけます。片づけてから、火を消してはいけません。

仏様にお供えした物は、お下がりを食べてよい場合と、食べてはいけない場合がありますので注意が必要です（道端に立っているお地蔵さんのお下がりは食べないほうがいいです）。

住職の方がいる大きなお寺の仏像にお礼がしたい時は、菓子折りに表書きをつけて「御供《ごくう》」でいいと思います。それを受付で渡します。お坊さんへのお礼は、お布施（お金）になりますが、仏像に直接お願いをして、救ってもらったというのであれば、仏様へのお礼として仏様に喜んでいただけるお菓子や果物でよいのでは？　と思います。

もちろん、お布施でも構わないですし、神様同様〝行ってお礼を言う〟だけでも十分です。

神仏に可愛がってもらえているとわかる時

神戸市の須磨寺でのことです。本堂の観音様に助けていただいたので、お礼を言い「さあ、帰ろう」と思った時でした。

「お経でも聞いて、ゆっくりしていきなさい」と、観音様が穏やかに微笑んで引きとめてくれました。祈祷が始まるのだなと思って、少し待っていると、お堂の中に年配の女性が一人入ってきました。その女性が座ると、お坊さんが来られ、祈祷が始まりました。歌うような、魅惑的な感じの引き込まれるお経でした。

お坊さんは最後にシンバルみたいなものを鳴らしており、「あれは何だろう？」と思っていると、その響き、振動で悪いものが落ちる、と観音様が教えてくれました。ニュアンスからいうと、憑いた霊だけでなく、人に飛ばされた良くない念も、自分が良くない行動や言動でつけた黒いものも、そういうものすべてが落ちるといった感じでした。つまり神社の神域と同じで、浄化されるというわけです。ありがたいなぁ、と感謝しつつ恩恵をいただきました。

お経をゆっくりと聞かせてもらい、シンバルの振動でスッキリ浄化をしてもらい、最後にもう一度手を合わせて観音様にお礼を言ってから、須磨寺をあとにしました。

神社でも、自分が手を合わせる時に、拝殿内で祈祷が始まることがあります。

「その場合、神様は拝殿の外から手を合わせている私の声を聞いているのでしょうか？」という質問をいただいたことがあります。

自分が参拝している時に祈祷が始まるのは、神様に大変気に入られている証拠です。本来なら、お金を払ってしか聞けないありがたい祝詞を、タダで聞かせてもらっているのです。ものすごーく歓迎されている、ということになります。

その祝詞は拝殿の外にいる人にも良い影響、良い効果があります。祝詞が唱えられている間に、手を合わせてお願いをするのもいいですし（神様はちゃんと聞いてくれています）、拝殿のそばに立ってじっくり祝詞のシャワーを浴びるのもいいと思います。

たまたま行った日に結婚式が行われているのは、幸せのおすそわけにあずかったわけで、これは相当可愛がられていると思っていいです。大歓迎されています。

神社やお寺に行ったらこんなことがありました、という内容のメッセージを多くいただきます。それらのメッセージを読むと、皆さん神仏に本当に可愛がられているなぁ、と思います。

霊感はないのですが、と書かれている方が多いのですが、そんなことはないです、ちゃんとしっかり感じ取られています。

涙が出ましたとか、神社やお寺の匂いを感じましたとか、神様がよく来たって言ってくれたような気がしましたとか、ほんわかした温かい気分になりましたとか、感じ方は人それぞれですが、皆さん、ちゃんと神様や仏様の愛情をキャッチされているのです。

「前に参拝した時は祈祷が始まったのですが、今回はありませんでした、前回は他に可愛がっている人に聞かせるためで、私ではなかったのでしょうか」というメッセージをもらいましたが、私も毎回、祈祷の祝詞やお経を聞かせてもらっているわけではありません。

私が大好きな玉置神社の神様は、ありがたいことに大変目をかけて下さっています。何回も参拝していますが、私がいる時に祈祷が始まったのは一回だけです。でも、たった一回でもありがたくて涙が出ました。しかも早朝だったのでより感激しました。

この歓迎のサインは回数が重要ではなく、一回でもあればバンザーイ！　と喜べる、大変ありがたいものです。まだ霊感で歓迎されていることがわからないという人でも、ちゃんと自覚できるように教えてくれているのです。

参拝中に祈祷が始まったりしないのが、ごく普通の状態です。神様は一回めで、歓迎していることが伝わったのを知っていますから、何回もしつこく教える必要はないと考えています。一回でもあれば気に入られているのですから、２度目がない、とガッカリする必要はありません。

次のようなメッセージをいただいたこともあります。

その読者さんは願掛けが叶ったお礼をしに、神社へ行ったそうです。人生初の一升瓶の奉納をして、すごく緊張し、逃げるように神社を去った、ということです。

そしてそのまま、神社近くの食事をするお店に入ったそうです。そこで天丼を食べていたら、前に座っていた上品な女性が、「余っているのでどうぞ」と、１００円の割引券をくれたそうです。「それが非常に嬉しくて嬉しくて」と書かれていました。

「お酒を奉納してよかった、あのお店に入ってよかった、識子さんのブログを読んでてよかった〜、今感謝の気持ちでいっぱいです」と、本当に喜んでおられました。

神様はやっぱり優しいな〜、と読者さんのメッセージを読んで、私も目頭が熱くなりました。お礼を持って行った読者さんに、神様は、神様の愛情というか、読者さんを可愛がっていることを感じて欲しかったのだと思います。たぶん、社務所のところで「わざわざお礼に来たのか、よしよし」と、読者さんの頭を撫でたのではないでしょうか。

でも、読者さんは緊張で体がガチガチになっていますから、その優しく温かい波動をそこでは感じ取れませんでした。神様はお店に導いて、〝見ず知らずの人からの厚意〟というものに、神様の愛情というか波動を乗せて、読者さんに渡したのでした。

お店がキャンペーン中で100円割引だったというよりも、もっとわかりやすい形、人の厚意が詰まった100円にしたのです。読者さんはお酒を奉納してよかったと言っており、このことが神様からのちょっとしたプレゼントだということがわかっています。

嬉しい！　感激！　となったのは、100円という金額がプレゼントなのではない、神様が自分を思って下さるその気持ちがプレゼントである、と感じることが出来たからでしょう。神様の愛情を正しく受け取れた魂がウキウキしているのが文面からも伝わってきました。

本当によかったです。このような心温まるメッセージを数多くいただきます。読ませてもらった私まで幸せな気持ちになり、ありがたいことだと感謝しています。一人でも多くの方が、神様から愛されている自分、可愛がってもらえている自分に気づいて、この読者さんのようにハッピーになってくればいいなと思います。

神仏にご縁をいただく

神仏にご縁をいただくことを書く前にお伝えしておきたいのは、神仏の声が聞こえて、会話をしたからといってご縁がもらえるわけではありません。霊能力があることと、ご縁がもらえる……つまり、神仏に愛されることは関係がないのです。

神仏に好意を持ってもらえたとしても、一回めの参拝ですぐにご縁をもらえる場合と、何回も通ってやっともらえる場合とがあって、これは神仏によってそれぞれです。

明確なルールがなく、ご縁がいただけるかどうか、いついただけるのかは、神仏の心証次第なのです。

子供の頃から、その神社、そのお寺に定期的に参拝していれば、ご縁はすでにいただいています（よほどの失礼をしていない限り大丈夫です）。大人になって定期的に参拝しているところも、ほぼいただいていると思っていいです。

逆に、たった一回しか行っていないという神社仏閣でも、ご縁をもらっていることもあります。

その神社やお寺を参拝した時に「大好き！」という気持ちになったり、しみじみと心身が癒されたり、参拝後すぐに「また行きたい！」と思うようなところは、ご縁をいただいている可能性が高いです。

ご縁をいただいたら、何がどう違うのかと言いますと……。まず、守ってもらえる濃度が濃くなります。どこにいても、その神様にこちらの声が届きますし、神様のほうもお守りなど目印となるものを身につけていなくても、こちらの居場所がわかっています。

窮地に陥った時や、危急の場合「助けて！」と言えば、すぐに飛んで来て助けてくれますし、自分で危機だと気づいていない、例えば事故に遭う直前なども、神様のほうで察知して飛んで来て事故から救ってくれます。

「ご縁がいただける」＝「より一層のあつい ご加護がもらえる」ということであり、そうなると、お願いも聞いてもらえることが多くなります。

ご縁をいただいたのが仏様であれば、真言の威力が増し、悪影響を及ぼす悪いものが祓えます。

要するに、ものすごく特別に目をかけてもらえるようになるわけです。

では、そのご縁をどうやってもらえばいいのでしょうか？

とりあえず最低条件として、初めての参拝時には正式に丁寧にご挨拶をします。自分という人間をしっかり知ってもらわないとご縁はいただけません。2回目以降もたくさん神仏に話しかけて、いろんなことを知ってもらいます。

もっとも大事なことは、こちらから「ご縁を下さい」とお願いをしないことです。私を特別視して下さい、私をヒイキして下さい、私を可愛がって下さいと自分から言うことは、神仏が嫌がるタイプの人間になってしまうのでやめておきます。ご縁をもらえるかどうかは、あくまでも神仏側の判断によるものなので、へたにおねだりしないほうがいいです。

その神仏のことが大好きで、深く素直な信仰心を持ち、できれば何回か通い、行くたびに丁寧にいろいろ話しかけていれば、たいていの場合、ご縁はもらえますのでご安心下さい。

さて、こうしていろんな神社仏閣を訪れていると、いくつものご縁をあちらこちらでもらうことになります。そんなかけもち状態は失礼ではないのか、それはいいのか？　と思われる方がいらっしゃるかもしれませんが、問題ありません。

私は日本全国の多くの神様・仏様からご縁をいただいています。どの神様も仏様も、信仰する対象を多く持っていることに文句を言う……なんてことは絶対にありません。逆なのです。あちこちの神様・仏様によくしてもらっていることを、にこやかに喜んで下さいます。それは信仰心があついということであり、神仏が好む人間である、ということだからです。

あちらこちらでもらったたくさんのご縁がからまるということもありません。「たくさんの神仏から縁をもらっているのなら、ワシの縁はもういいだろう、さようなら」なんていう神仏もいません。一度、ご縁をくれた神仏は一生守って下さいます。

神様や仏様は、その人が他のどの神仏とご縁を結んでいるのか、ちゃんと知っています。どうやらその人間の後ろに見えているみたいなのです。

ここで余談ですが、規模の小さな……神社とは言えない祠やお社にいるお稲荷さんは、たった一回行ったきりでもご縁をくれることがあります。

お稲荷さんだけはご縁が結ばれてしまうと、コンスタントに参拝に行かなければなりません。参拝に行っている間はしっかり守ってもらえます。祈願も叶えてもらえます。

しかし、参拝をパタッとやめてしまうと良くないのです。それでも、そのお稲荷さんに多くの人が参拝して賑わっている状態、もしくは誰かが熱心にお世話をしている状態だったら問題はありません。

人々の足が完全に遠のいてしまい、うらぶれた状態になると「なぜお参りに来ないのだ！」と叱られます。叱られると障りが出る人もいます。神格が違う、また非常に賑わっている伏見稲荷大社などは大丈夫ですが、とても小さな祠やすごく小さなお社などは、気をつけた方がいいです。

定期的なお参りが出来るのであれば（３年に一回でよい、と大変厳しいお稲荷さんが言っていたので、普通はそれよりももう少し間隔があいても許されると思います）、お稲荷さんは本当に願い事をよく叶えてくれますし、しっかり守って下さるので、ありがたい存在です。

神仏の「これからお前を守ってやる」と言った言葉がはっきり聞こえれば、ご縁をもらえたことがわかりますが、まだ声を聞き取れないという方は、ご自分の感覚をよく観察してみることがご縁をもらえたかどうかの手がかりになります。

その感覚は「つながった」と確実にわかる感覚……別の言葉で言えば、その神仏が自分をまるまる包み込む感じ、そして、神仏が自分のことを好きだということが伝わってくる感じです。

寒い冬のひなたぼっこで、太陽がほんわか暖かくて気持ちいい〜、癒される〜、みたいな感覚の、もうちょっと幸福感が強いバージョン、愛されてる実感、といったところでしょうか。

いやいや、識子さん、その表現じゃよくわかりませんよ〜、とあちこちから聞こえてきそうです（汗）。感覚のことなので、説明が難しいのです。これはもう、自分の感覚でしか感じられないので、頑張って感知して下さいとしか言えないです。

心を静かに研ぎ澄ませて、神社なら本殿や千木《ちぎ》を見たり、空を見たり、周囲の木々を見たり、風を感じたりしてると、「神様はこうおっしゃってるのかな」とわかってくると思います。

お寺なら、お香の香りを感じて、ロウソクの炎をぼんやり眺めたり、じっと仏様のお姿を見ていると、何かしら心に響く言葉が感じ取れるはずです。

「ああ、優しいなぁ〜」と感じたら、ご縁がもらえていると思っていいです。

ご縁がもらえたら、期間に決まりはありませんので、行ける時にまた参拝に行くことがお勧めです。もしも遠方で、何年も行けなかったとしてもそれはそれで大丈夫です。

私は出羽三山に一回行っただけでご縁をいただけましたが、遠すぎて、まだ2回目の参拝は行っておりません。すでに10年(2020年現在)が過ぎていますが、時間があいても問題ないです。時々、出羽三山の神様を心に思い描いて、家の中で手を合わせています。

神様は遠方で来られないという事情を知っていますし、そのような小さなことで怒ったりしません。特に山岳系神様はさらに懐が深く、一生に一回しか行けなかったとしても理解して下さいます。でも、行けるのであれば、時々は行ったほうがいいです。ますますあついご加護がもらえるようになるからです。

多くの神社仏閣を訪れて、神仏のご縁が増えれば増えるほど、人生は好転していきます。読者の皆様が楽しみながら神社仏閣を参拝して、たくさんのご縁をいただき、人生が明るく輝くようになればいいなと思います。

具体的なご縁とは

神仏にご縁をもらえると、自分で危機だと気づいていない、例えば事故に遭う直前なども、神仏のほうで察知してくれて、事故から救ってくれます、と書きました。そこで私が体験した具体例をお伝えしようと思います。

ずいぶん前になりますが、元夫と車で旅行をした時のことです。

かなり山奥の高速道路を走っていました。運転をしていたのは私で、走行車線を走っていましたが、そこそこスピードを出していました。時間帯は夕方で、時折、猛スピードで追越車線を走り去る車がいたりしました。

元夫としゃべりながら運転をしていたら、突然、前方に猿が飛び出してきました。猿は道路に飛び出して来て、走行車線のど真ん中で「え？」という感じで、こちらを向いて止まりました。

ふたりとも顔面蒼白です。車のスピードと、車と猿との距離（目前でした）を計算したら、すぐにハンドルを切っても、衝突は回避出来そうにない状況だったからです。

その時のことは鮮明に覚えているのですが、猿が出てきてから、時間が少しゆっくり流れるような感じになりました。最初に私は「このまま轢《ひ》くしかないのか？」と考えました。高速道路での急ハンドルは大事故につながるからです。

しかし、生き物を……特に哺乳類を殺生するのは絶対に嫌です。

次の瞬間、私はミラーで追越車線に車が来ていないかを確認していました。幸い、後ろから車が来ていなかったので、追越車線に出るために、ハンドルをほんのわずかに右に切りました。

かなりのスピードが出ていたため、ハンドルの切り具合を誤ると中央帯に激突します。猿に当たらないようにするには、真横に出ることになるので、さらに危険なハンドル操作です。右に出てすぐ、今度はかすかにハンドルを左に切りました。

それを、コンマ何秒かの一瞬ですることが出来たのです。猿はギリギリのところで当たらずにすみました。

助手席にいた元夫は「うわぁー!」と声を出していました。どう計算しても避けられない距離とスピードと角度だったからです。

「絶対に轢く! と思った」と、元夫はあとから感想を言っていました。さらに、右にハンドルを切った瞬間は、「事故る! 終わりや!」と思ったそうです。

こうして文章にすると、どれほどのミラクルだったのかが、イマイチ伝わらないかもしれませんが、瞬間的なとっさの判断、神業ともいえるハンドルさばき、後続車が来ていなかったこと、など、すべてが神様に助けてもらったとしか考えられません。

助手席にいた元夫が「奇跡……としか言いようがない」と驚いていました。

もう一つは、前職の仕事中のことです。車で利用者さん宅に向かっている途中で、会社の携帯が鳴りました。

走っていたのは、片側一車線の普通の道路です。信号が青に変わった直後で、発進してすぐの時でした。

私はどこから着信があったのか、携帯を手に取って確認しました。普段はそんなことをしないのですが、その日は急ぎの連絡が入ることになっていたため、つい手に取ってしまったのです。

確認を終えて、次に前方を見た時に心臓が凍りつきました。前の車が停車していたのです。車間距離は2メートルくらいに迫っていました。

その時、私はアクセルを踏んでいたので加速中でした。ブレーキを思いっきり踏みましたが、制動距離のほうが車間距離より長いであろうことは明確でした。

心の中で「ああ、これはぶつかる」と冷静に判断していました。

その急ブレーキが信じられないくらい、ものすごーーく利《き》いて、車はギリギリで止まったのです。運転席から見て、「絶対にぶつかっているとしか思えない」ところに、前の車がありました。たぶん1ミリとか2ミリとか、本当に寸前のところで停車したのだと思います。

これも、神様に助けてもらったとしか考えられません。

こういう場合、助けに来てくれた神様は、感謝をしてほしくて助けているわけではないし、その行為を誇示したいわけでもないので、助け終わると私には声をかけずにそのままサ～ッとお帰りになります。

なので、どこの神様なのかはわかりません。私にご縁をくれている神様の中のどなたか、というのは確実なのですが、どの神様が助けに来てくれたのかはハッキリしないのです。

こういう時、どの神様にどうお礼を言えばいいのかといいますと、堅苦しく考えずに、シンプルに言えばOKです。私はその場ですぐに手を合わせ、〝大きな声で〟お礼を言っています。

どの神様なのか不明なので、「神様！ ありがとうございます！ おかげさまで助かりました。本当にありがとうございました」という感じで、呼びかけは〝神様〟にして、心から感謝をしています。

これで十分、助けてくれた神様には届いていますので、あとあと、どの神様だったのかを考えたり、神社にお礼に行かなくてはと考えたりしなくてもいいのです。

ちなみに私は運転を始めて30年以上たちますが、事故ったことはもちろん、わずかにかすったりこすったりして、車に傷をつけたことも一度もありません。いつもギリギリで神様が助けてくれています。

ご縁を下さる神様がいるということは、このように本当にありがたいことなのです。これからも出会った神仏にご縁をいただけるよう、精進していきたいと思っています。

第9章 尊い神仏たち

キリスト

私はキリスト教に触れることなく育ち、大人になっても近しい人にクリスチャンがいなかったので、イエス・キリストという人について興味を持たずに長年過ごしました。

クリスチャンである元夫と結婚して、いろいろな話を聞くうちに、少しずつ惹きつけられていきました。それから自分でもいろいろと調べたり、本を読んだりして、私なりにキリストという人を勉強しました。

キリストに妻と子供がいたという解釈の映画『ダ・ヴィンチ・コード』は、元夫と一緒に映画館で見ました。

元夫は柔軟な考えを持ったクリスチャンなので、あっさりとこの説を受け入れていました。

「ジーザス（私たちの間ではこう呼んでいます）は、本当に結婚してたんちゃうかなぁ」

「そうかもね〜、ジーザスだって人間だもんね」

「もし結婚してて、妻を愛して大切にしていたとしたら、オレ、それは素晴らしいと思う。そうであって欲しいなぁ」

「私もそっちのジーザスのほうが好きだなー」

キリストといえども人間だし、女性を愛おしいと思う感情は備わっていたはずで、結婚して子供がいたとしても何の不思議もないし、というか、そっちのほうが自然なのでは、と2人で話しました。

それから何年かして、私は自分の前世をしっかり思い出しました。

エルサレムに生まれた私は男の子でした。少年の奴隷でした。親に捨てられたのか、売られたのかは定かではありませんが、とにかく奴隷として働いていました。

働いていたその家は、キリストを支援している人の家だったと思います。連日、人が集まって何やら議論をしていたのです。晩ご飯を食べながら、いろんな会議っぽいことをしていました。家の人とお客さんは大きなテーブルで食事をしています。その家はかなり裕福だったようです。

私の名前は「ハンジャ」と「アンジャ」の中間みたいな発音をする名前で、住んでいたのはハッサンという町（通り？）です。

私は奴隷ですから、器に食べ物を入れてもらっても、テーブルで食べることは許されません。別の部屋の隅っこにうずくまって（床は土の地面だったような気がします）、素焼きの深皿を抱えてガツガツと動物のように食べています。ガリガリに痩せています。

食べているその時の服装は、ターバンみたいな感じで布を腰から股にうまく巻いてパンツにしたものと、上は薄汚れたノースリーブの麻の服でした。

そんなある日、キリストが来て、私はキリストの泥というか砂で汚れた足を一生懸命に洗っていました。

するとキリストが私の頭に手を置いて何か言ったのです。詳しい内容は覚えていないのですが、何か……褒めてくれたような感じです。

汚ない姿の奴隷の私はビックリしました。顔を上げるとキリストが私に微笑んでくれていました。キリストの波動は神様並みに高く、その波動を持ったまま肉体に入っているので、キリストの周辺の空間は明らかに歪んでいました。暑い夏のかげろうのように、歪んで見えるのです。キリストのオーラは太陽のように白く眩しく輝いていて、ハッキリ見えます（後光といわれる後頭部のところです）。

自分に見る能力があったから見えたのか、他の人にも見えたのかはわかりません。オーラはほぼ物質化しかけていて、触ったら確実に感触があったと思います。私の頭に置いてくれている手からのエネルギーもすごかったです。見るからに「普通の人間」ではありませんでした。

次に覚えているのが、処刑場に歩いて行く場面です。キリストは、よく映画で見るように十字架を背負っているのではなく、静かに歩いていました。私はその時、大人でした。

だいぶ前に、ブログに書いたこのエルサレムの前世を読んだというクリスチャンの方から、メッセージをいただきました。

キリストが活動をしていたのは3年くらいとされています、奴隷だった少年が大人になるには10年はかかったでしょうから、その部分の時間が合わないのですが？　という内容でした。

私の記憶だと、少年は10～11歳で、処刑場では18歳くらいになっていました。記憶が正しければ最低でも7年は活動をしたということになります。

足を洗ってあげた時のキリストは活動を始める前のキリストだったのか……あの波動を放っていながら一般人だったのか……？　自分の年齢を間違って思い出すことはないと思うのですが、何かどこか別の人生と混同しているのか？

う～ん、う～ん、と考えてみましたが、「いや～、やっぱり、キリストが頭に手を置いてくれた時の私は少年で、処刑される時は青年になっていた」という結論になりました。

大幅に話がそれてしまいました。話を元に戻します。前世で見たキリストをハッキリと思い出した私の考えは一変しました。

神様並みの高い波動を持ち、あの後光を放っている人が、恋愛感情を持つとは思えないのです。ましてや子供を作る行為は、しようとも思わないでしょうし、体の周囲の空間が歪んでいるくらいの波動エネルギーなのです、実行するのは不可能ではなかろうかと思います。

キリストが十字架で言ったとされる言葉、「神よ、どうして私をお見捨てになったのですか」ですが、あのすごい人がこの言葉を言うかなぁ、とこれも素朴な疑問として思います。神様並みの波動を持っているということは、それだけ霊格も高く、神仏レベルで悟っているはずです。その人がこの言葉を発するとはどうしても思えないのです。

キリストという人物をどう見るか……という考えが、ここで元夫と分かれてしまいました。しかし2人とも、人はどう考えようと自由だと思うし、意見を押し付ける気持ちもサラサラないので、お互いのキリスト像を尊重して議論はしていません。

前世を思い出して一年くらいたった頃でした。私は瞑想をしていました。いろいろと人生や神仏について考えていたら、突然、頭上に透明な細い筒状の道が現れました。その筒は上へ上へと伸びて、先端が宇宙にまで届きました。

「うわー！　これは何だろう？」と見ていると、宇宙からのエネルギーと光が、その筒に流れ込んできました。

「へぇ～、これが宇宙と一体化するってことか～」と思いました。

今、これを書いていて「なんだか、いきなりうさんくさくなったわぁ」と引く人がいるのでは……という不安にかられていますが、続けます。でも、こんな変てこりんな体験はこの時だけ、一回きりしかありません。

で、宇宙と一体化をしていたら、今度はいきなり、花が咲くように先端がパカッと大きく開き、細い筒は逆三角錐《すい》になりました。道路などに置いてあるコーンを逆さまにした形です。それがぐーんとワイドに広がって、頭上に大きなじょうごが出来ました。

その中は本物の宇宙と繋がっていて、私の意識はそこへ吸い込まれ、「そうそう、宇宙の感触ってこうだった」などと思っています。

キラキラ輝く星に混じって、銀河がゆっくり回転しているのも見え、「すごいなー、美しいなー」と見とれていると、その宇宙空間に神々の姿が浮かび上がって見えてきました。

姿といっても「光」なのですが、その光が下（手前）からず〜っと上空というか、彼方へと続いているのです。神々にはどうやら等級があるようでした。手前から、高級になるにつれて、上へ上へと昇っていくみたいです。

そのはるか上空に、キリストがいるのが見えました。もちろん光でしか見えませんが、なぜか、キリストとハッキリ見えるというかわかるのです。あんなに上のほうにいる神様なんだ〜、と思いました。

他の、例えば山岳系の神様はどのあたりなのか、観音様はどのあたりなのかがわかれば比較出来るのですが、キリスト以外はわからなかったので、そこはちょっと残念でした。

キリストという人間が死んで、それから徐々に神様になったのではなく、もともと霊格が高い神様が何らかの事情で地上に生まれてきた、それがキリストだった、私にはそう見えました。

キリストは「神（唯一無二の絶対神のほうです）の子」というのを、以前は、ハクを付けるためのハッタリだと思っていましたが、あながち嘘じゃないのかもと思っています。

キリストは人々が思うより（クリスチャンではない人々です）はるかに霊格の高い神様だった、というお話でした。

仏様が布教をしてくれる

私がまだ結婚していた時に働いていた会社での話なので、ずいぶん昔になります。

アルバイトで入社してきた男の子がいました。男の子といっても30歳くらいでしたが、人と話をする時に、意識してテンションを高くしていて、おかしくないところでも一生懸命に笑い、何か頑張っている感が強い子でした。

ある時、その彼と2人で作業をしていたら、珍しく、非常に落ち着いた様子で私に話しかけてきました。

「僕ね、去年、結婚を考えていた彼女にふられたんですよ」

「そうかぁ、それはつらぃ体験をしたねぇ」と言うと、そこから彼は一部始終を一気に話しました。

前の職場で同僚だった彼女は、彼女のほうから彼に積極的にアプローチをしてきたそうです。最初は何とも思わなかった彼も、だんだん彼女に惹かれていき、交際がスタートしました。

2年ほどはとても順調で幸せだったそうです。このまま結婚しても仲良くやっていけそう、彼女と結婚したいな、と彼は真剣に考えていました。

そのうち彼女が少しずつ距離を置くようになり、冷めた感じになって、いきなり別れたいと言い出しました。彼は自分が何か悪いことをしたのか、自分に悪いところがあるのか、何でも言ってくれたら全部直す、だから考え直してほしい、と食い下がりました。

すると彼女はそこで、実は……と告白をしたのです。

なんと彼女は、二股をかけていました。同じ職場の、後輩の男の子と彼の2人を、です。そして、どっちも好きだから選べなくてつらかった、でも一人に決めないといけないと思ったから、後輩を選ぶことにした、と言うのです。

彼はプライドを投げ捨てて、別れたくない、オレを選んでくれ、幸せにする、とすがりましが、最終的に彼女はその後輩を選んだのです。

彼は、いつか彼女が後輩と別れて自分のもとに戻ってくるのではないかと思い、会社を辞めずに半年間頑張りました。彼女と後輩がいるその職場で働くのは、地獄の苦しみだったそうで、その半年間で精神的にボロボロになりました。

退職してからは、生きる気力もなく、気持ちも沈んだままで、人に会うことも出来なくなり、ずっと家にこもっていたそうです。もう生きていても苦しいだけだし、死のうかなぁと、どうしようもなくなった時、テレビで四国巡礼を知ったそうです。

彼はすぐに四国八十八ケ所巡りの旅に出ました。歩いて回ったそうです。彼女への未練を断ち切るために、ひたすら無心で歩いたと言っていました。無事に結願した時、心は爽やかに晴れ晴れとしていたそうです。

彼は巡礼の間、いろんな不思議なことを体験したと言っていました。

日が暮れたのに、その日の宿がまだ決まっていない彼が焦っていたら、「途中まで乗っていきなさい」と親切に車に乗せてくれたオジサンがいたそうです。さらに、「今日の宿が決まってないのなら、うちに泊まるといいよ」と、泊めてくれたというのです！　オジサンの奥さんもすごくいい人で話もはずみ、人と会話をして笑ったのは久しぶりだったので、本当に楽しかったと言っていました。

世の中にはこんなふうに人助けをする人がいるのか……と思ったら、裏切りで傷ついていた彼はその夫婦の優しさが心にしみて、夜中に布団の中で泣いたとも言っていました。

足が痛い、もう歩けないという状態になると必ずといっていいほど、「乗っていくか？」と声をかけてくれる人が現れたり、しんどさにくじけそうになると不思議な光が見えたり、お寺で般若心経を唱えていると胸の部分がじんわり温かくなって癒されたり、いろんな不思議な出来事があったそうです。

「それまでは、神様とか仏様とか幽霊とかいるわけがないって思っていたし、見えない世界はまったく信じていなかったんですよ。でも、僕ね、空海さんは信じられるんです。空海さんがいるんだから、見えない世界もいろいろあるのかもしれないって思うようになりました」

死ぬことまで考えたほど深かった失恋の傷も癒え、何とか社会復帰しなければと、とりあえずバイトから始めることにした、と言っていました。

「でも、なんかまだ、人と話す時は変に緊張するんですよ〜」

と言うので、

「今、そんなふうには見えないよ。もう大丈夫なんじゃない？　今の話、本当にいい話やね〜」

と感想を言うと嬉しそうに笑っていました。彼は四国巡礼をして、知識としてではなく〝感覚〟

で空海さんを知り、空海さんの大ファンになったのです。空海さんを信じる、ゆえに、見えない世界もあるのかもしれない、と視野が広くなったということでした。

当時の私は、まだ空海さんに興味がなかったので、四国巡礼ってごりやくがあるんだなと思っただけでした。

今考えると、空海さん、すごいですね。亡くなって千年以上たっていても、こうして小さな布教を地道にしていて、悩み苦しむ人を救ってあげ、心が安らかになるよう信仰の芽を植えてあげているのです。仏様とはなんとありがたいものなのかと思います。

空海さんはこうして、自分でみずから布教をしていますが、最澄さんは違う方法です。

私の祖父は子供の頃に熱病にかかりました。高熱が何日も何日も下がらず、病院の医師に「この子はもう助からない」と言われ、「ここにいても治療は何も出来ないから、家に連れて帰ってあげなさい」とまで言われたそうです。

家に戻った幼い祖父は、あとはもう死ぬのを待つばかり、という状態でした。

そこに諸国を歩き回って修行をしているお坊さんが現れたそうです。そして驚くことに「この村に死にかけている子がいるだろう?」と言ったというのです。村の人が慌てて、この家の子です、とお坊さんを祖父の家まで連れてきました。

お坊さんは祖父の病を治し、また修行の旅へと行かれたそうです。お礼を……と家の者が言っても、このお坊さんは家に泊まったり、金品を受け取ったりしなかったそうです。

祖父は「じいちゃんは本当はあの時に死んじょった。この命は仏さんにもらったもんじゃけえ、恩返しせんにゃいかん、人のために命を使わんにゃいかんのじゃ」と常々言っていました。

お坊さんは天台宗ですから、最澄さんの連綿と続くお弟子さんの一人です。最澄さんはこうして優秀なお弟子さんをたくさん育てています。千年以上にわたって、全国津々浦々、日本の端の端まで、人々を救えるようにしているのだと思います。

このような仏様の慈悲あふれる話を思い出すたびに、心がほかほかと温かくなります。空海さんと最澄さんはやはり偉大であり、尊くありがたい仏様なのです。

出雲大社と一畑薬師

先日、出雲大社に初めて参拝に行きました。この神社は驚くことに、古代の「気」がそのまま残っています。神社正面の道路で信号待ちしている時からすでに、一般の神社とは全然違う「気」を放っているのがわかります。

鳥居をくぐると、古代のまろやかな「気」に包まれます。鳥居の内と外とで、明らかに「気」が違うのです。

それは独特なもので、日本太古の「気」というか、混じりっけなしの大昔の日本の雰囲気です。仏教がまだ入ってきていない時代と繋がっているので、仏教の影響も一切ありません。参道を歩いていても、拝殿で大しめ縄を見ても、そこかしこに、太古の日本の雰囲気が漂っていました。狛犬もいないので、やっぱりなぁ、と思いました。狛犬が日本に入ってくる前から出雲大社はあって、そして狛犬を取り入れなかったのですね。

ここの神様は、ものを〝増やす〟〝大きくする〟〝広げる〟神様だと思います。作物を増やすのは五穀豊穣だし、お金を増やす金運アップ、人の縁を広げる縁結び、そういう神様です。持っているものを広げてくれます。

私が不思議に思ったのは、この神様は山岳系の神様ではないし、平野部の神社の神様とも違っており、お稲荷さん系でもなく……特殊な神様だということです。どんな神様なのだろう？　と、もっと詳しく知ろうとしましたが……わかりませんでした（のちに詳しく知ることが出来て『神社仏閣パワースポットで神さまとコンタクトしてきました』という本に神在祭《かみあり》のことも含めて詳しく書いています）。

仕方なく諦めて帰っている時に、突然お姿が見えました。本殿のところに、白い大蛇がとぐろを巻いていたのです。大蛇といっても、ヘビではありません。ヘビとはまったく別の神様で、どちらかというと龍に近いです。

丸々した体は龍くらいの太さで、とにかく大きかったです。本殿よりも、もう少し大きい体でした。大蛇を見たのは初めてだったので感動しました。なるほど、それでどこの神様とも系統が違うのか、と思いました。

ついでといってはなんですが、出雲大社から車で1時間の所にある一畑《いちばた》薬師というお寺もご紹介しておきます。以前、読者である地元の方に教えてもらったので、せっかく近くまで来たことだしと寄ってみたのです。

ここには眼病に効く薬師如来様がいました。本堂の前で、手を合わせて拝もうとすると、ありがたいことに祈祷が始まりました。このお寺はスピーカーでお堂の外にも読経が聞こえるようにしてくれています。

お坊さんの心地よい読経を聞きながら、目がこれ以上悪くならないよう、網膜が破れないように、とお願いをしました（私は強度の近視なのです）。

一生懸命にお願いをしていると、お堂の中から2本の腕がすーっと伸びてきました（見えない世界でのことです）。「うわぁ、手だ！」と思っていると、その手は、手のひらで私の眼球をころころと転がして撫でてくれました。本当に目に効く薬師如来様なのです。

祈祷していた方に、便乗させていただきました、ありがとうございました、と心の中でお礼を言って、一畑薬師をあとにしました。

神とは何か

感覚で得たものを文章にするので、どこまで表現出来るか自信がありませんが、書いてみたいと思います。

私は神道と仏教を信仰する家に生まれ、神様と仏様は当たり前にいる環境で育ちました。私にとって、神様と仏様が〝見えない世界〟の最高位でした。

そんな私がクリスチャンの元夫と2回目の結婚をしました。元夫からキリスト教の宗教観を聞いて、いろんなことを考えさせられました。明らかに神道や仏教とは違う一神教の神とは何なのか、宗教という入口は違うけれど、同じような存在を信仰しているのか？　いや、そうではないように思える……だとすれば、神道の神様以外に神がいるのか、もしそうだとしたらその神は誰なのか？

そんなことを日々考えていました。

ある日のことです。その日はとてもお天気が良く、スッキリ爽やかな気持ちで歩いていました。

ふと見ると、ある家の前で花が美しく咲いています。そのおうちは、こういっては大変失礼で申し訳ないのですが、非常に古くて狭そうな、さらに傷みの激しい長屋の端っこでした。

錆びついた老人用手押し車が置いてあり、花は、発泡スチロールの箱をプランターにした中で咲いていていました。何本か同じ花が植えてあって、美しく咲いたものと、まだつぼみのものがありました。その花が、日光を浴びて、まばゆいばかりに輝いていたのです。

それを見た瞬間に「ああ、これが神なのだ」と雷に打たれたような衝撃を受けて悟りました（神社にいる神様と区別をするために、唯一無二の絶対神であるこの神は〝神〟と呼び捨てで書きます）。

花はキラキラとした柔らかい日の光に包まれて、神の愛情を受けて咲いています。世間の片隅の粗末なプランターの花でも、神は見落としたりしないのです。

手押し車を押さなければ歩けないお年寄りがせっせとお世話をしている大切な花です。神は、そのお年寄りが可愛いので花を咲かせてあげたのでしょうし、もちろん花自体のことも可愛いわけです。

誰も気づかない野原の花や道端の草一本にさえも、見落とすことなく変わらない愛情を注いで生かしてあげる、それが神なのだと知りました。街路樹も神の愛があるから葉をつけて茂り、空を飛ぶスズメも神の愛があるから生きています。

自分の手のひらを見ると、日の光がキラキラと当たっています。この日の光、この心地よい空気、自分を取り巻いているこの空間、これこそが神なんだと〝わかった〟のです。

その時でした。特攻隊での人生の記憶の一部分が鮮やかに甦りました。出撃の時、私は運命を共にする飛行機に、「一緒に頑張ろう」と声をかけ、機体をポンポンと叩きました。そして飛行機に乗り込むと、滑走路を走り、二度とその足で踏むことのない大地を離れました。

離陸して機体を上昇させると、目の前いっぱいに澄み切った青空が広がり、それを見た瞬間に、「ああ、これが神だ！」と実感したのです。というのは、胸のところが本当にポワンと温かくなって、うまく言えませんが、強い「愛」を感じたからです。

神は人間のような「個人」という感じではなく、大空のように広大で、どこにでも、いつでもいて、すべてを包み込んでくれる存在だとわかりました。

私はその時、手を広げている神の愛に包まれていることをハッキリと自覚していました。

特攻隊というシステムは不幸なことですが、私は最後の飛行で神を知り、ありがたくて嬉しくて、しばらくの間泣きながら操縦しました。私は少年飛行兵で、たった17年の生涯でしたが、この人生と引き換えに得たものが、体感した「神の真理」でした。

一つの人生と引き換えにもらった宝物ですから、魂にしっかり刻まれているのです。このことを思い出して視野を広げてみると、自分なりに神が見えてきました。

神は人間の形をしているのではなく、空や大地や空気のように、どこにでも遍在していて、すべての生物の面倒を見、愛情を注いでいます。

地球上だけでなく、例えば地球や他の惑星が、前後左右上下ある広い宇宙空間の中を、間違えずにちゃんと軌道を公転する、これを行っているのが神、というよりも、この法則をつかさどる〝力〟が神ではないかと思います。

宇宙の法則、および、宇宙の理《ことわり》が神なのです。つまり神は、宇宙の法則であり、愛そのものであり、宇宙のすべて、なのだと思います。

神社にいる神様、お寺でつながれる仏様は、厳密にいえば、人間に転生したことがない「超高級自然霊」です。

日本語で神という文字がかぶるので、それまでよくわからなかったのですが、神社の神様と、唯一無二の絶対神は、まったく別の存在である、ということをこの時に悟りました。

神様と仏様の違い

まず、唯一無二の絶対神は別格の〝宇宙の法則〟〝宇宙のすべて〟すなわち、本当に唯一の

〝神〟であると、私は考えています。その下には超高級霊である、神社にいる神様やお寺で繋がれる仏様がいます。

では、その神様と仏様の違いは何なのか？　というところに疑問をお持ちの方がおられるかもしれません。どちらも高級霊なので波動は高く、その点で言えば違いはないのですが、実は種類が違います。

私の感覚的には神様と仏様は全然違うのですが、何が、どこがどう違うのか、ちょっとその説明にトライしてみたいと思います。

神様と仏様は種類が違うと言いましたが、もっと詳しく言えば、山岳系神様と平野部にいる神様も種類が違います。

山岳系の神様は、自然を守る、自然のバランスを整える、人間だけでなく生物全部の生きる環境を守る（例えば山から水が湧いて、川が流れ、ふもとを潤します。動植物全部がそれによって命を保てます。このようにその山々が影響を及ぼす一帯の、生物の生命維持等を調整しています）、そういう地球規模的な、大きな仕事をされています。

平野部にいる神様は、守る範囲がかなり狭くなります。土地を守るだけでなく、人間の面倒をみる（田畑の作物を豊作にするとか、その地域の子孫が絶えないようにするとか、疫病から守るとかです）、その地域の平安を守る、そういうお仕事もされています。

でも共通して言えることは、どちらもこの〝現実の世界〟の管理です。物質界を正常に機能させる、物質界での人間や生物を守る、良くするといったお仕事です。

仏様は、〝あちらの世界〟を管理するお仕事をされています。死んだ人の面倒を見るのもその一環であり、〝見えない世界〟のほうを正常に機能させる、そこで人間などを守ることをされています。悪霊とか悪魔の軍団とか、それは人が死んで幽霊になったような弱い悪霊ではなく、地球上にもともといる波動の低い強力な奴らと戦う、それらの存在から人間や生物を守る、といったお仕事もされています。生きている人間の精神面、心を救うといったお仕事も仏様のほうが多くされています。

神様と仏様は、このように主にしているお仕事の受け持ちが違うのです。

神社の行事は、お宮参りや七五三（子供の健やかな成長）、初詣（その年の無病息災）、厄落とし、平癒祈願、合格祈願、子宝祈願、縁結び、車のお祓いなど、現実世界で守ってもらえることが多くあるのはそのためです。

お寺ではお葬式、各種法要・供養、護摩祈祷などがあり、それらはすべてあちらの世界でのご加護をもらうためであり、除夜の鐘をついて煩悩を祓う、写経や瞑想などをして心の平安を図るのも、見えない世界でのことです。

もちろん、神様も仏様も、どちらも超高級霊で強い力がありますから、自分のメインの仕事以外のことも、当然出来ます。なので、神社の神様が憑きものを落としたりもしますし、仏様が豊作にしたり病気を治したりも出来るわけです。

私が受ける神仏の感覚の違いは、神様は像の中に入っていないので、広がった、面積の広い感じで、仏様は仏像に入ってる（繋がっていてそこから現れる）ため、ギュッと凝縮された感じがします。

今後、もっと私のわかる能力が上がると、違う側面が見えてくるかもしれません。その時はまた、詳しくご報告したいと思います。

ペットの神聖

私の実家にはクーという名前のチワワがいます。

父は、娘や息子、孫よりもクーが大事で、もうメロメロです。外食などに出かけていても、クーが心配でソワソワして早く家に帰りたがります。家に戻れば「クーちゃん、クーちゃん」と、ちゃん付けで呼んでいて、娘も息子も孫も呼び捨てですが、クーは特別です。

このようにクーは、父と母の生きがいになってくれていて、娘の私からすれば本当にありがたい存在です。ペットはその人の心の深い位置にいて、癒しを与えてくれます。

癒しを与える、とさらっと書いていますが、ペットが与えてくれる癒しはとてつもなく大きなものです。しかもそれは、見返りを求めない、与えっぱなしの無償の愛なのです。

無償の愛を無尽蔵に与えることが出来る、ということは、その部分は神の領域ですので、ペットは神の仕事の一端を担っている、ということになります。ここでいう神は、唯一無二の愛そのものの絶対神です。

福祉用具専門相談員をしていた時の私の担当していた利用者さんに、80代の女性がいました。ひとり暮らしで身寄りがまったくなく、本当にひとりぼっちで、ご近所との付き合いもほとんどありませんでした。

歩行器をレンタルしてもらっていたので、時々、伺っていたのですが、いつも「あがって！　あがって！」と歓迎してくれました。

家にあがると、たまに野良猫が遊びに来ていることがありました。白と黒の２匹でしたが、２匹が揃っていることはあまりなく、たいていどちらか一方がこたつの中や、カーペットの上で寝そべっていました。

利用者さんは、野良とはいえ、この猫たちを家族のように思っていたみたいです。いつも嬉しそうに撫でていました。冬の寒い時でも猫が家に入れるようにと、台所の窓を少し開けていました。それくらい、猫はこの利用者さんにとって大切な存在で、癒しになっていたのです。

利用者さんは自宅で亡くなっていたところを訪問したケアマネージャーに発見されました。発見されたのは亡くなった直後らしく、そんなに時間がたっていない状態だったそうです。

ケアマネから話を聞くと、ご遺体のそばには、白と黒の2匹の猫がいた、とのことでした。

「あ〜、良かった、ひとりぼっちで逝ったんじゃないんだ」と思うと、ホッとしたというか……泣けました。

2匹の猫は、利用者さんから受けた愛情をちゃんとわかっていて、利用者さんの最期の瞬間を看取ってあげていたのです。利用者さんの、この世の最後の視界に映ったのは、家族として接していた大好きな猫、それも2匹揃っての姿です。

心安らかに逝かれたのだろうな、と思いました。ひとりぼっちでも一生懸命最後まで生きたこの利用者さんが、心穏やかに逝けるよう、神は温かい手を差し伸べたのだと思います。このように、動物は神の仕事を手伝います。

ペットに高級霊が宿っていることもまれにあります。これはなぜかと言うと、その飼い主を導くためです。

例えば、犬に高級霊が宿っているとします。その犬を介して、捨て犬や捨て猫のためにボランティアを始めたのであれば、ボランティアをして世の中の役に立つことをしなさい、とのお導きです。その犬を介して、誰かと絆が出来る、何かの行動を起こすきっかけになったなど、そういうことがあればすべてがお導きなのです。

その犬が年老いて介護が必要になれば、介護をしながらも動けない犬のことを思い、慈悲の心が出て涙を流すと思います。その貴重な魂の勉強も、その犬がさせて下さっているのです。

私が見たのは写真に写った犬でしたが、犬の顔を見た瞬間に、高級霊が宿っていらっしゃるな〜、と思いました。

しかし、その犬は病気でした。飼い主さんは、病気平癒を祈願しにあちこちの神社仏閣をまわっているとのことでした。犬は、飼い主さんをあちこちの神社仏閣に行かせるために、病気になっているようでした。神社仏閣に行くのは、行くだけでも修行になりますから、たくさん行けばそれだけ霊格も磨かれます。

高級霊が夢に出て、「いろんな神社を回りなさい」と指図して行かせるよりも、犬を愛する、心から犬を大事に思う、その純粋な気持ちから行くほうが何倍も磨かれるのです。そういう高貴な動物とは、出会いからして運命的であると思われます。

犬でも猫でも他の動物でも、そのペットが来たことで霊的に向上した、物事がいい方向に向かった、社会に貢献することが出来たなど、いい変化があるのであれば、高級霊が宿っている可能性があります。

たとえ高級霊が宿っていなくても、私の実家のクーのように、ペットはいてくれるだけで癒しになるありがたい存在です。

どのペットも立派に神のお手伝いをしているわけですから、神の使いです。尊い存在であることに変わりはありません。

なぜペットは人より先に逝く

ペットの死は、神が（ここで言うのは唯一無二の愛である絶対神です）、「ご苦労さま、もう戻ってきてもいいよ」と、動物たちを神の手もとに戻す行為です。

病気で苦しんでいる犬や猫の姿を見ると、どうして苦しまないといけないの？　と思うかもしれませんが、それは飼い主のためということもあります。自分の病気から何かを学んでもらうためにわざわざ病気になる、自分が去ることに対して心の準備をしてもらう、などがそうです。

事故で一瞬で死ぬより、病気のほうが飼い主は心の準備が出来ます。長い闘病生活を見ていれば、死んだ時に「楽になれたね」と思うことが出来、「まだ死なないで!」とは思わないと思います。

ペットは自分が逝くことが、飼い主にとってどれほどつらいのかということを十分知っているので、少しでも心穏やかに受け止めてもらえるように配慮しているのです。

死が近いペットに何をしてあげればいいのか……大金を払ってヒーリングを受けさせてあげたほうがいいのか、祈祷をお願いしたほうがいいのかと、飼い主として迷っているというメッセージをいただいたことがあります。

私が思うに、病院に連れて行ってあげ必要な処置をしてもらえば、もうそこから先は神の御心のままに、の世界です。神様が「もういいよ、お疲れ様、帰っておいで」と、あちらの世界に戻る手筈を整えているのに、人間がそこに無理矢理に介入しなくてもいいのではないかと思います。

動物は自然のままが一番です。

ペットのしつけなどで、つらくあたったことがあって、ペットがいなくなっても罪悪感が消えない、というメッセージもありました。

動物は自然のサイクルに属するので、人間とはまったく違います。人間は恨みつらみがあったり、心残りがあったりすると成仏が遅れますが、動物はそうではありません。

動物には、そもそも〝恨む〟という感情がありませんし、心残りというものもありません。しつけが厳しかったのなら、その時は〝悲しい〟とか〝怖い〟とか思ったでしょうが、ピュアな存在ですから、それを〝憎い〟という感情に変換したりしないのです。

ただ、虐待になると話は別です。あまりにもひどいことをすると、猫は祟る可能性があります。でも、ごく普通に叱るくらいなら心配いりません。大丈夫です。

動物たちは自然のサイクルの一部ですから、死ぬこと自体は悲劇ではなく、当たり前の出来事です。自然の草花が枯れることと同じなのです。

死ぬと〝自然〟という……地球という生命体に溶け込んで、そこからまた生まれてきます。ですから基本的に、動物に供養は必要ないと、私は思っています。

死後、少しの間は飼い主のそばにいるかもしれませんが、ペットはすぐにあちらの世界に戻っていきます。供養はペット側にとっては必要ありませんが、飼い主がそれをすることで気持ちがホッとするのであれば、供養するのもいいと思います。

ペットは神の仕事のお手伝いをしています。あちらの世界に帰った死後のことは、神が面倒を見て下さいますので、心配はしなくても大丈夫です。

あとがき

この本を読んでいただきありがとうございます。

分かりにくい部分や、読みにくい部分もあったかと思います。でも、神仏との接し方や、神仏からの愛情の受け取り方、感じ方などはお伝え出来たように思います。

あとはご自分で実践されるだけです。

霊感がないからといって、高いお金を払い、人に神仏のことを聞くのは、この先もう必要ないことがおわかりになられたのではないでしょうか。ここに書いているやり方をコツコツと地道に実践していけば、神仏の愛情を正しく受け取れるようになります。霊感があると看板を掲げている人だけが特別ではありません。

神仏は霊感がある人を特別視しているわけではなく、神仏を信仰する人をみんな可愛い存在だと思っており、愛情をかけておられます。それを自分の感性で感じないのはもったいないです。

この本を読んだこと、それ自体がどこかの神仏のお導きかもしれません。

ピンとくる神様や仏様がいれば、参拝に行かれてみてはいかがでしょうか。思い当たらないという方は、まずは心惹かれる神社やお寺に行ってみるといいと思います。

私の神社仏閣ご紹介記事（ブログ）や本をガイドブックにしています、という方もいらっしゃって（ブログではもっと多くの神社やお寺をご紹介しています）、そういう神社仏閣巡りを始めるのもいいかもしれません。

あちこちを参拝しているうちに、特別に目をかけてくれる神様や仏様に、〝必ず〟出会います。ご縁を結んでもらえる神仏を知ることで、読者の皆様の人生や生活が、もっと深く豊かになりますように、と切に願います。

最後になりましたが、ハート出版の藤川様には大変お世話になりました。藤川様が私のブログに興味を持って下さらなかったら、この本は存在していませんでした。深く感謝をするとともに、心から御礼を申し上げます。

桜井識子

桜井識子　さくらい　しきこ

神仏研究家、文筆家。

霊能者の祖母・審神者の祖父の影響で霊や神仏と深く関わって育つ。

1,000社以上の神社仏閣を参拝して得た、神様仏様世界の真理、神社仏閣参拝の恩恵などを広く伝えている。神仏を感知する方法、ご縁・ご加護のもらい方、人生を好転させるアドバイス等を書籍やブログを通して発信中。


『和の国の神さま』『神仏のなみだ』（ハート出版）、『あなたにいま必要な神様が見つかる本』（PHP研究所）、『神様が教えてくれた金運のはなし』（幻冬舎）、『神様と仏様から聞いた人生が楽になるコツ』（宝島社）、『死んだらどうなるの？』（KADOKAWA）など著書多数。

「桜井識子オフィシャルブログ～さくら識日記～」
https://ameblo.jp/holypurewhite/

イラスト：**田地川じゅん**　たじかわ　じゅん

専修大学経済学部卒。一般企業勤務を経て、イラストレーター野口佐武朗主催のスタジオオブイラストレーターズ修了。その後フリーで活動。

書籍カバー、雑誌、新聞挿絵、広告、冊子、カレンダー、web、グッズ、壁画等の制作をしている。

http://tajikawa.com（ホームページ）

［新装版］ひっそりとスピリチュアルしています

平成26年7月22日　初　版　第1刷発行
平成29年11月3日　初　版　第12刷発行
令和2年1月24日　新装版　第1刷発行
令和5年9月13日　新装版　第4刷発行

著　者　桜井識子
発行者　日高裕明
発行所　ハート出版
〒171-0014 東京都豊島区池袋3-9-23
TEL03-3590-6077　FAX03-3590-6078

ISBN978-4-8024-0089-3　C0011

印刷・製本／中央精版印刷　編集担当／日高　佐々木